VOYAGE
AU PAYS
DE BAMBOUC.

VOYAGE
AU PAYS
DE BAMBOUC,
SUIVI D'OBSERVATIONS INTÉRESSANTES

SUR LES CASTES INDIENNES,

SUR LA HOLLANDE,

ET SUR L'ANGLETERRE.

A BRUXELLES,

Chez DUJARDIN, Libraire de la Cour.

ET A PARIS,

Chez DEFER DE MAISONNEUVE, Libraire,
rue du Foin Saint-Jacques.

1789.

VOYAGE
AU PAYS
DE BAMBOUC.

Situation du Pays.

LE pays de Bambouc est situé à l'est de celui de Galam : il commence au village Niacalelyagou, qui appartient au roi Siratic-Thomané-Niacalel. Il a au nord une partie du royaume de Saracolet; la république de Bondou à l'ouest; le pays des Guiangars au sud; & enfin, il est borné à l'est par les montagnes de Tambaoura, dans le centre desquelles est la fameuse mine d'or de Natacon.

Un français, nommé Compagnon, crut entreprendre le premier de pénétrer dans le pays de Bambouc ; il descendit le Niger jusqu'à Phélémé, parvint ensuite à Caynouysa, & trouva dans ses environs quelques mines de fer & de calamine. Prenant alors la république de Bondou pour le pays de Bambouc, il donna audacieusement la relation d'une contrée où il n'avoit jamais été ; persuada qu'elle renfermoit une quantité de mines d'or & d'argent ; & il publia les impostures les plus absurdes & les plus punissables.

Ce n'est donc pas à lui qu'il faut donner la gloire d'être entré le premier dans le Bambouc. Avant Compagnon, Gasche, officier anglais, y étoit parvenu par la riviere de Gambie ; mais le séjour qu'il y fit, quoique constaté, fut très-court ; aussi n'en a-t-il jamais donné la relation. Au lieu que Compagnon, qui connoissoit la difficulté de pénétrer dans ce pays, imaginant peut-être que personne ne pousseroit les recherches plus loin, trompa, par ses mémoires, les écrivains de voyages, qui, à leur tour, ont trompé le public par des relations fabuleuses.

Il étoit difficile, sans doute, de résoudre les Bambouquins, paisibles chez eux, tranquilles possesseurs d'un riche pays, qui n'avoient presque besoin de personne, & qui, dans le sein de leurs montagnes, gardoient un trésor immense, à recevoir des blancs, qu'ils savoient être des peuples fort rusés, hardis & très-commerçans. Nos biens les touchoient peu; ils avoient en échange de leur or, toutes les marchandises des maraboux de Gouguiourou & des marchands Guiangars; & ils n'envoyoient rien aux blancs qu'ils ont toujours soupçonnés d'avoir des prétentions sur leurs mines.

Le moyen de vaincre leur méfiance n'étoit donc pas aisé; & sans doute on n'y auroit pas réussi, si ces peuples accoutumés à jouir d'une profonde paix, ne s'étoient brouillés avec les Cassons qui les incommodoient tous les ans par leurs incursions, & qui les forçoient de se réfugier dans les rochers de leurs montagnes, pour conserver leur vie. Un français, nommé le Vens, profita de cette conjecture; il offrit à Thomané-Niacalel, roi de Farbana, de faire construire chez lui un fort qui le défendroit des insultes des Cassons. Le traité en fut conclu à Galam; & bientôt après M. de Suasse alla à Farbana pour y bâtir un fort. M. le Vens ne négligea pas une si belle occasion; il se rendit lui-même dans le pays de Thomané-Niacalel, marqua & choisit l'emplacement du fort, & fut si bien accueilli de ces peuples, qu'il continua son voyage jusqu'à Samarinacouta, résidence de Siratic-Macan. Son dessein étoit d'engager ce prince à nous laisser établir dans son pays; mais il parut si méfiant & si contraire aux blancs, que le Vens fut obligé d'attendre quelqu'occasion aussi favorable que celle qui avoit déterminé Thomané-Niacalel:

au pays de Bambouc.

elle se présenta bientôt. Les Cassons firent une nouvelle incursion, pillerent & brûlerent le pays de Siratic-Macan, le réduisirent, lui & son monde, à une disette affreuse, & ils en auroient fait autant à Siratic-Thomané, si l'artillerie de Farbana n'avoit jeté l'épouvante parmi eux. Macan résolut pour lors, mais un peu tard, de demander des blancs; il envoya ses enfans à Galam, pour y réclamer du secours : comme on desiroit ardemment de lier amitié avec ce roi, on lui envoya M. Payen, qui fit plusieurs voyages à Samarinacouta & à la mine de Nacaton, & à qui l'on doit céder l'honneur de l'avoir vue le premier, & d'avoir déterminé Siratic-Macan à bâtir des cases de paille, que nous y trouvâmes lorsque nous y avons pénétré.

Presque tous les géographes confondent le pays de Bambouc avec la république de Bondou; ils ne font qu'un seul pays de ces deux contrées : peut-être sont-ils excusables; ils n'y ont jamais été : mais comment l'audacieux Compagnon, qui assure y avoir demeuré, & y être entré par Phélémé, justifieroit-il ses erreurs & ses impostures ? comment confondre deux langues si différentes, un pays sec & aride avec celui où les pailles croissent à la hauteur de six pieds au-dessus d'un homme à cheval, une république avec un royaume, un peuple presque rouge avec les Bambouquins, qui sont du plus beau noir ? Cela doit suffire pour désabuser le public ; & je me flatte que la suite de cette description achevera de le détromper entierement.

Mon principal dessein est d'éclairer les minéralogistes, & de les guérir des impressions désavantageuses que la lecture de plusieurs écrivains de voyages, abusés comme le public, a pu leur donner : car enfin, le pays dont on leur a fait de si fausses relations, fût-il très-riche en or & en autres métaux, seroit toujours un fort mauvais pays, s'il manquoit, comme les auteurs le prétendent sur la foi de l'imposteur Compagnon, des choses les plus nécessaires à la vie; sur-tout si la sécheresse y régnoit à un tel point, qu'outre le manque d'eau, on ne sauroit y trouver des pailles assez hautes pour couvrir des habitations.

Ce n'est donc pas le desir d'écrire qui m'engage à publier ce petit ouvrage. Mon but est de détruire les erreurs reçues, & de contribuer, par le récit le plus irréprochable, au succès des vues que le gouvernement pourroit avoir un jour.

Division du pays de Bambouc en trois royaumes. Puissance de ces Princes: maniere de les élire.

LE pays de Bambouc est divisé en trois royaumes, qui sont séparément gouvernés par trois princes négres, à qui les Mandingues donnent le nom de Siratic. On appelle ces royaumes du nom des négres qui en jouissent: ainsi celui de Siratic-Thomané-Niacalel, s'appelle le royaume de Niacalel de Farbana; celui de Siratic-Macan est connu sous le nom de Samarina-Macan; & celui de Moussa, sous le nom de Nambia-Moussa. Les principaux villages du roi de Thomané sont Farbana, sa résidence ordinaire, Niacalel-Yagou, Fenore, Yeratougouné, Molintaguet, Sémaylla, où il y a une mine d'or. Ce royaume commence au village de Niacalel, & finit à celui de Guetata. Le pays n'est point cultivé depuis le Marigo jusqu'à Colomba, quoiqu'il soit arrosé par une infinité de sources naissantes : c'est sans doute à cause des mines de fer qu'on y trouve par-tout en abondance, ou de la grande quantité de vaches brunes qu'on auroit beaucoup de peine à détruire, & qui ravagent tous le pays.

Celui de Macan est moins étendu; mais il est plus peuplé & mieux cultivé. Les marchands étrangers qui y viennent en foule, à cause de la mine de Natacon, le rendent beaucoup plus riche que l'autre.

Il s'étend depuis le village de Guetata jusqu'au-delà des montagnes de Tambaoura, dont la chaîne commence au village de Sirela, nord-nord-est de Samarina, & finit à celui de Cacoulou. Il semble que la nature ait pris plaisir à former, dans le croissant de cette montagne, une vallée magnifique; les marigots (1) y sont très-fréquens & très-beaux; & le pays est des plus fertiles, quoique les négres ne cultivent que précisément ce qu'il leur faut pour leur subsistance, sans se soucier de l'avenir. Il est très-peuplé : ses principaux villages sont Natacou, Samarina, Samarinacouta, Sireta, Dayaba, Guingoulou, Yafera, Coba, Cacoulou, Coucouyan & Sitagoret.

Enfin, le royaume de Siratic-Moussa n'a que deux principaux villages, qu'on nomme Lambia & Combadirié : ces deux villages ont une mine d'or; mais les

---

(1) Grands ruisseaux.

naturels ne le vendent que pour de l'argenterie ouvrée, telle que des brasselets & chaînes de pieds, & pour des pagnes que les marchands de Bondou leur apportent en quantité, quoique les peuples du pays soient si méchans, que les Bondous n'osent y aller que par caravanes : sans cette précaution, ils seroient infailliblement pillés.

Tous ces villages paroissent fort peuplés : on y voit un nombre infini d'enfans & de femmes ; mais je ne crois pas que dans ces trois royaumes, on puisse trouver trois mille hommes capables de porter les armes.

D'après les voyageurs, je m'attendois à trouver chez ces princes tout ce qui peut annoncer de grandes richesses ; je n'y vis au contraire que l'image de la plus grande simplicité. Ils sont rois, & ce titre leur impose l'obligation de s'abstenir de tout commerce : leurs enfans daignent à peine travailler leurs terres ; & comme ils ne sont pas assez riches pour solder des ouvriers, ils ne sement & ne recueillent que peu de grains. Leurs femmes ne vont point laver la terre de la mine : ce seroit un déshonneur pour leurs époux ; & comme il n'y a que ceux qui travaillent tous les jours, avec assiduité, à tirer l'or des terres, qui soient riches, il s'ensuit que ces princes le sont beaucoup moins que leurs sujets.

J'en fis une fâcheuse expérience, lorsque je voulus aller faire quelque séjour à Samarinacouta. J'étois escorté par quatre des enfans de Siratic-Macan, sur le secours desquels j'avois beaucoup compté. Je pris la route de Fénore & de Coucouyan, parce qu'ils m'avoient fait entendre que ces villages étant de la dépendance de leur père, je trouverois abondamment des vivres pour la subsistance des négres que je menois avec moi. Je serois pourtant mort de faim avec ces princes, si je n'avois présenté aux maîtres des villages des marchandises qu'ils n'avoient point ; & quoique ces peuples exercent religieusement l'hospitalité, l'avarice les poussa à traiter les enfans du roi avec la même rigueur que nous, afin de me mettre dans la nécessité de répandre quelques présens.

J'espérois qu'on me feroit une meilleure réception dans le village de Samarina : le succès trompa mon attente ; le pauvre roi parut presque nud, & n'eut point de honte de nous déclarer qu'il n'étoit pas en état de nous offrir un cabrit ; mais il nous fit entendre qu'il alloit envoyer avertir ceux qui avoient des denrées, d'en venir traiter avec nous. On nous en apporta bientôt une grande quantité ; & comme je m'étois pourvu de marchandises propres au pays, j'obtins des vivres à très-bon marché.

Cependant mes yeux ne pouvoient se rassasier de contempler une plaine si belle & si bien arrosée, couverte d'une quantité innombrable de bêtes à cornes ; mais j'avoue que par l'effet de nos préjugés, j'étois très-mortifié d'apprendre que tout ce que je voyois n'étoit point au roi; que lui seul n'y avoit aucun droit, & qu'il ne pouvoit même forcer ses sujets à vendre une tête de volaille contre leur gré. J'avois quelque peine à me le persuader; mais j'ai cédé à une expérience de vingt-deux mois, pendant lesquels il ne m'est jamais arrivé de traiter, je ne dis pas de l'or ni des bœufs, mais pas même une poule appartenant au roi ou à ses enfans, qui ne faisoient aucune difficulté de venir manger, à notre insçu, avec nos serviteurs les restes de notre table.

Le peu de fortune de ces princes les rend très-importuns. Il faut toujours leur donner, sans quoi on s'expose à rompre toute intelligence. Le roi profiteroit du pouvoir qu'il a de faire le mal; il peut arrêter la traite, & l'interdire même au moindre refus qu'on lui feroit: & comme on n'a pas la force à la main, on se trouve nécessairement la victime de la cupidité de ces princes. On a beau faire des traités avec eux, ils ne manquent jamais de prétextes pour les rompre; & comme ils ont toujours le dessus, & qu'il faut en venir à sacrifier quelques présens, ils deviennent à la fin très à charge.

Le pouvoir de ces princes est cependant si mince, qu'on discerne à peine s'ils sont rois; ils n'ont presque point d'autres prérogatives sur leurs sujets, que celles que leur donne la vieillesse à laquelle les noirs défèrent beaucoup; ils portent une corde autour de la tête & un anneau de fer au cou, marques ignominieuses par-tout ailleurs, & que ces peuples regardent comme le signe du pouvoir qu'a le prince de faire des captifs: mais aucun de ces rois n'oseroit se permettre la moindre exaction ni rien exiger de ses sujets. Toutes les affaires se portent au conseil, c'est-à-dire, que tous les hommes, vieux & jeunes indifféremment, s'assemblent dans un lieu appellé Bentaba. Là, chacun écoute avec attention ce que le roi propose, & ils déliberent ensuite sur le parti qu'il convient de prendre. La voix du prince n'a pas plus de prépondérance que celle des autres; il prie & ne commande point; il ne peut députer chez les étrangers ses voisins, sans le consentement de ses sujets: le messager parle alors au nom des sujets & du roi. S'il veut déposer un chef de village, il assemble ceux du sien & porte ses plaintes: s'il a des amis il gagne sa cause; mais pour peu que l'accusé soit riche, & qu'il ait le moyen de tuer un bœuf, il triomphe sans peine du prince.

Les terres ne sont point cheres; chacun en prend la quantité qu'il lui en faut pour nourrir ses femmes & ses enfans. Plus un homme est laborieux, plus il est riche; c'est ce qui fait que le roi n'est pas le plus riche, sa dignité l'empêchant de travailler; & comme il ne peut point forcer ses sujets à faire son travail, & qu'il n'a que le secours de ses enfans, il ne seme & ne recueille qu'une petite quantité de millet, de guertès, de riz & d'autres productions, que ses sujets recueillent en abondance.

Je laisse à penser quelles richesses peuvent posséder des princes, qui ne peuvent faire aucun usage du commerce de leur pays, qui n'ont le droit d'imposer aucun tribut, & qui sont obligés de cultiver eux-mêmes leurs terres.

Les deux autres rois ne sont ni plus riches ni plus puissans que Macan. Le commerce n'est point connu chez Thomané; il n'a aucune sorte de bestiaux à vendre. On est obligé d'avoir recours à la république de Bondou pour se procurer des vivres. Cette république est très-abondante en bêtes à cornes. Les habitans y cultivent le coton, dont ils font de belles pagnes, qu'ils teignent en noir avec le seul indigo, qui croit naturellement dans le pays; ils vendent ces pagnes environ un gros d'or: elles sont composées de sept bandes de trois coudées

au pays de Bambouc.

coudées & demie de long, sur un demi-pied de large.

On sera sans doute surpris que des princes, revêtus de si peu de puissance, aient tant de moyens de nuire aux blancs, & d'exiger d'eux des présens multipliés, sans qu'il soit possible d'éluder leurs demandes importunes ; mais il faut observer qu'ils ne sollicitent des présens que pour en gratifier ceux de leurs sujets dont ils ont le plus de besoin : ceux-ci sont donc intéressés à prendre parti contre les blancs, au moindre signal de leurs princes ; & comme ces derniers savent, par expérience, que l'intérêt du commerce raccommode bientôt tous nos différends, ils ne balancent pas à l'interrompre au moindre refus : de sorte qu'il est constant que ces princes peuvent faire beaucoup de mal aux blancs, & qu'il ne tient pas à eux de leur faire du bien.

Ces petits royaumes sont héréditaires : ordinairement le fils succede à son pere, pourvu toutefois qu'il ait eu soin de se

B

ménager l'amitié des principaux du pays, qui de leur plein droit pourroient en élire un autre sous prétexte d'incapacité. Cette élection se fait par les chefs des villages, qui s'assemblent & délibèrent pour savoir à qui ils donneront les ornemens royaux.

La vieillesse est parmi eux un titre qui fait tout obtenir. Ils ont peu d'égard aux richesses. Ces peuples préfèrent aisément un homme pauvre à un riche, parce qu'ils craignent avec raison d'avoir à leur tête un noir trop puissant.

Chaque village a son chef particulier à qui les autres obéissent. Ce chef porte le nom de Farin, qui signifie Maître. Le peuple du village le nomme, & le roi le confirme, seulement pour la forme. Ces chefs se disent indépendans du roi, & ils font souvent voir qu'ils le sont: car pourvu qu'ils n'exigent rien du peuple, ils sont assurés d'être paisibles possesseurs de leur office, malgré le prince même ; ils ne peuvent demander des présens, mais aussi ils n'en font à personne, pas même au roi dont ils relevent.

Malgré le peu d'autorité de ces chefs, on apperçoit parmi ces peuples beaucoup de soumission & de respect pour ceux qui les gouvernent. C'est le maître du village qui regle avec les marchands le prix de la traite : le peuple lui remet ses intérêts, & se contente ordinairement de la marchandise qu'il lui donne en échange de ses denrées. Cela ne se fait pas, à la vérité sans quelque bénéfice caché, qui est plus ou moins considérable, suivant le taux qu'ils mettent aux denrées & aux bestiaux ; mais comme un chef perdroit son crédit s'il traitoit à plus bas prix que son voisin, le prix de l'un est ordinairement celui de l'autre.

Le lieu du conseil s'appelle Bentaba : c'est une enceinte sur la place publique, que l'on entoure de pieux, sur lesquels on éleve un comble de paille. C'est là que toutes les affaires se décident ; & lorsque le peuple y a condamné quelqu'un, il est obligé d'obéir ou de se retirer dans un autre village.

Le roi ni les farins n'ont aucun pouvoir sur les mines d'or, quoique les auteurs en aient écrit ; il n'est pas vrai non plus qu'on ne travaille aux mines que pendant un certain temps, ni que les farins fassent appeler le peuple au son de la corne : cette prérogative ne leur appartient que lorsqu'il s'agit de le rassembler à l'approche de l'ennemi. Il est faux aussi que les noirs mettent leur or en commun, & qu'ils le partagent par égales portions. La mine au contraire est fouillée pendant neuf mois de l'année, c'est-à-dire, jusqu'à la mauvaise saison. Les noirs y accourent de toutes parts : il y vient même des habitans de Sambagueflaye & du Bourbayoattof. Il suffit, en un mot, d'être noir pour avoir le droit de travailler aux mines.

Les plus habiles dans la lotion sont ceux qui retirent le plus d'or. Il est si peu vrai qu'ils soient obligés de le porter à la masse, qu'à peine l'ont-ils lavé qu'ils le vendent. J'en ai acheté en cinq mois de temps, à Samarinacouta, au moins sept marcs par très-petits morceaux. Voilà ce qui est beaucoup plus certain que les assertions des écrivains de voyages.

Mines de Bambouc.

Le pays de Bambouc est, à proprement parler, un mélange de mines d'or, d'argent & de fer, ou, pour mieux dire encore, un trésor inestimable, dont les naturels du pays ne sauroient profiter, soit à cause de leur excessive ignorance, soit à cause de la superstition qui regne parmi eux. Ils sont persuadés que celui qui découvre une mine meurt infailliblement, s'il n'a pas dans la huitaine une vache noire pour immoler à l'or, qu'ils disent (avec plus de raison qu'ils ne croient) être sorcier. Il est certain que les montagnes de Tambaoura ne sont point sans mines d'or & d'argent. Je crois même que c'est dans le centre de ces montagnes qu'est renfermé le foyer de la grande mine. Ce que les noirs appellent mine, n'est autre chose que l'épanchement des souffres solaires qui proviennent de la montagne, laquelle, en forme de croissant, embrasse toutes les mines. J'en ai vu trois, & je n'ai pu pénétrer à la quatrieme, à cause du naturel sauvage & féroce des gens du pays, qui souffrent à peine les marchands de leur couleur.

La premiere & la plus considérable est celle de Natacon, à cinq quarts de lieues de Samarinacouta. Sa situation est une monticule d'environ trois cents pieds de haut, dont la circonférence est de mille ou douze cents pas : le haut est de forme ronde, & ressemble à un dôme; elle renfle par le bas en pente douce. Cette petite montagne, remplie d'or, est presque au milieu d'une plaine de sept lieues de large, c'est-à-dire, qu'elle est éloignée par la droite des montagnes de Tambaoura d'environ trois lieues, & de quatre lieues du côté gauche. Les montagnes de Tambaoura entourent cette mine en forme de croissant; elles sont fort hautes & toutes nues: leur chaine ne laisse qu'un passage à la mine, qui se trouve précisément vers l'ouverture du croissant. Si ces montagnes, qui ne sont pas elles-mêmes sans mines d'or & d'argent, offrent l'aspect le plus aride, elles fournissent une grande quantité d'eaux vives qui forment des ruisseaux intarissables, dont le cours arrose & fertilise cette belle plaine. La terre en est noire, grasse, & produit une grande abondance de millet, de bled de Turquie, de riz, de pistaches & de pois. La plupart de ces ruisseaux, ou *marigots*, se répandent dans la plaine, qui est hors du croissant des montagnes de Tambaoura du côté de l'ouverture, & ne la rendent pas moins fertile que la vallée qui est dans l'enceinte. Cette plaine extérieure a plus de vingt lieues de large. Tous ces marigots roulent dans leur lit un émeri plein d'or, avec une abondance extraordinaire. Je l'ai observé par-tout avec la plus grande attention. Cela prouve assurément la richesse des mines d'or de cette enceinte.

Au pied de la monticule qui renferme la fameuse mine d'or de Natacon, coule un de ces marigots, dans lequel les noirs font leurs lavures. La surface de la terre de cette monticule est couverte d'arbres de différentes especes, dont quelques-uns sont d'une grosseur énorme. Il y croit dans le temps des pluies, des herbes ou pailles de dix & douze pieds de haut. Il ne paroît aucune roche sur cette petite montagne; mais la terre est couverte de petits grains de mine de fer, dont le nombre augmente à mesure que l'on monte au sommet. Toute la pente douce est fouillée par les négres, qui ont pratiqué des trous en forme de puits très proches les uns des autres. Ces puits sont au nombre de plus de douze ou quinze cents, profonds, pour la plupart, de vingt à vingt-cinq pieds; leur embouchure peut en avoir dix ou douze de circonférence : ils ne sont ni ceintrés ni soutenus. Les noirs les creusent en pente douce, avec des marches d'un demi-pied de haut, taillées dans les parois du puits, du côté le plus commode pour descendre. C'est par le moyen de cette espece d'escalier que les négres approfondisent leurs puits, & qu'ils en tirent la terre dans un panier de feuilles de palmier, qu'ils portent doucement sur leurs têtes. Les puits sont plus ou moins profonds, selon que les parois se soutiennent plus ou moins long-temps, & s'écroulent plus ou moins tard. Comme les négres ignorent le ceintrage & l'appareillage propres à empêcher les écroulemens, ainsi que l'usage des manivelles pour se débarrasser des terres, leurs puits leur servent souvent de tombeaux, où ils sont obligés de les abandonner à une profondeur médiocre pour en creuser un autre ailleurs, mais toujours dans la pente des monticules : quelquefois au lieu de marches, ils se servent d'une échelle courte, faite avec des cannes qui ne sont point creuses. Les échelons sont attachés aux deux côtés des montans avec l'écorce d'un arbre, semblable à celui dont on se sert en Picardie pour faire les cordes à puits de Paris. Les négres font aussi des cordes avec cette écorce. Les échelles les plus longues n'ont pas plus de huit ou dix pieds; ainsi les puits que l'on creuse par leur moyen ne peuvent être bien profonds.

Les premieres terres & les décombres que les négres tirent de leurs puits, ils les lavent dans des calebasses aux marigots dont j'ai parlé, & jettent tout le gros qui n'est que de la mine de fer en grains, de l'aimant ou de l'émeri. Il leur reste au fond un émeri en poudre fine couvert d'or en poudre très fine aussi, que leurs femmes, qui font les lavures, ont grande peine à séparer : elles passent beaucoup de temps à ce pénible travail ; ce qui est cause qu'elles retirent peu d'or chaque jour. On peut juger du profit immense qu'on feroit nécessairement, en opérant selon les regles de l'art.

A mesure que les puits s'approfondissent, il se trouve dans les calebasses, après la lotion, plus d'émeri & plus d'or. Depuis le haut jusqu'au fond de ces puits, on ne trouve que de la terre-glaise très-gluante ; elle paroît être par lits, & elle est marbrée de diverses couleurs, lesquelles varient presque à chaque puits. Ces terres renferment néanmoins également l'émeri, l'or, l'aimant, de la mine de fer en grains, & même le gros émeri que l'on voit en morceaux sur les bords des marigots, & qui contient très peu d'or.

Je suis descendu très lentement dans ces puits, & je n'y ai trouvé aucune veine d'or, quoique j'aie fait les recherches les plus exactes. Je découvris seulement, à l'aide des pics & des pioches dont je m'étois muni, des pierres de marbre crystallin, qui contenoient plusieurs veines & paillettes d'or : je trouvai ensuite plusieurs pierres d'émeri doré, & une pierre d'azur confus ; ce qui, joint à l'abondance d'or & d'émeri qu'on trouve dans ces terres, en proportion de la profondeur des puits, nous fit conjecturer que les veines métalliques n'étoient pas éloignées, & que cette mine étoit très-riche, puisque le seul épanchement des soufres formoit par-tout de l'or, selon que les terres-glaises étoient plus ou moins propres à retenir, à condenser, à corporifier ces vapeurs, ou qu'elles se trouvoient plus ou moins près du foyer de la mine.

Ce sont sans doute les terres-glaises qui, servant comme de chapiteaux réfrigérans à ces vapeurs sulfureuses & solaires, les empêchent de transpirer jusqu'à la surface de la terre, où elles auroient la force de faire mourir les arbres les moins délicats, & d'en empêcher la réproduction. Outre ce préservatif qui veille à la conservation des arbres & des plantes sur ces mines la terre-glaise dont toute cette monticule est pleine à plus de vingt pieds de profondeur, est plus que suffisante pour retenir plusieurs réservoirs d'eaux après la saison des pluies ; & l'humidité salutaire que ces réservoirs naturels répandent à la surface, entretient la fraîcheur & la verdure sur toute la montagne.

Comme je multipliois mes recherches, je trouvai un petit morceau d'or fortement attaché à la pierre d'émeri ; ce qui me fit conjecturer que la matrice de l'or de cette belle mime, est l'émeri dans les veines d'une pierre marbreuse. Cette observation est très-importante pour suivre les veines des *bistortes*, qu'on pourroit pratiquer au travers de la montagne, à la profondeur de plus de trois cents pieds, sans craindre l'eau, & où les charriots pourroient aller commodément chercher les décombres, qui par le résidu de leurs lavures, payeroient cent fois la dépense de la mine si elle étoit bien exploitée.

Mines de Nambia.

La mine de Natacon n'est pas la seule qui enrichisse le pays de Bambouc. Les marchands Guyangars, qui vont tous les ans en Gambie, tirent beaucoup d'or de la mine de Nambia, qui est au-delà des montagnes de Tambaoura. Les noirs estiment beaucoup cet or, & le préfèrent à celui de Natacon, quoique plus pâle, parce qu'il est plus liant & plus malléable. Cette mine n'est pas si fréquentée que les deux autres, parce que les naturels du pays font des vexations horribles aux marchands étrangers: ceux-ci courroient même risque de la vie s'ils y alloient autrement qu'en caravanes.

Les rois de ces contrées m'ont toujours détourné d'aller à Nambia, dans la crainte que ces misérables ne m'assassinassent. Ce fut du moins les représentations que me firent Siratic-Macan & Thomané, lorsque je voulus les engager, à force de présens, à m'y faire conduire par leurs enfans. Mes offres ne purent jamais les déterminer; & je compris alors qu'il seroit impossible de savoir rien de positif au sujet de cette mine, qu'en y pénétrant la force à la main. S'il faut s'en rapporter à ce que j'en ai appris des marchands du pays, on doit croire qu'elle est aussi abondante que celle de Natacon. Selon leur rapport, elle a plus de quatre cents pieds de circonférence. Le marigot est au bas de la montagne; & ces marchands prétendent qu'elle produiroit beaucoup, si l'on avoit la liberté de la travailler, & que les habitans fussent un peu plus traitables. Ce qu'il y a de vrai, c'est que presque tous les maures qui viennent d'Arguin, & qui commercent à Bambouc, vont plus communément à Nambia qu'à Natacon, soit que l'or leur paroisse meilleur, soit que le sel y soit plus cher.

Mine de Sémaylla.

La troisieme mine d'or que je connois est au village de Sémaylla, dans le pays de Thomané, à quatre lieues de Farbanna. La montagne, qui a plus de quatre cents pieds de hauteur, en pente douce, est couverte d'un émeri férugineux qui se trouve dans un marbre rouge, que les noirs ont beaucoup de peine à broyer, pour extraire les matieres propres au lavage. Cette mine nous parut très difficile à travailler. L'or y est par-tout renfermé dans un émeri de fer, & ne paroît pas si beau que celui de Natacon : au bas de la montagne nous trouvâmes un marigot, qui nous parut venir des montagnes de Tambaoura ; ce marigot roule un émeri plein d'or : nous fîmes travailler quelques femmes. Voici leur opération : elles creusoient d'abord un trou, au fond de l'eau, avec un instrument qu'on appelle Guyalot, sans doute pour avoir plus de facilité

facilité à enlever les décombres qu'elles puisoient avec leurs calebasses. Parmi la terre-glaise se trouvoit quantité de petites pierres rougeâtres, qu'on détachoit par le moyen de l'eau ; & la lotion étant finie, il restoit au fond de la calebasse de l'émeri & de la poudre d'or très-fine, que ces femmes avoient beaucoup de peine à séparer. J'ai apporté quatre livres & quelques onces de cet émeri.

Je ne suis point assez versé dans ces sortes de matieres, pour décider affirmativement de la richesse de cette mine: mais autant que je puis m'en rapporter à mes conjectures, je ne crois pas qu'elle soit aussi abondante que celle de Natacon.

Les soupçons fâcheux que les noirs avoient conçus de mon arrivée dans le pays, ne me permirent pas d'observer la mine de Combadiriré, où l'on travaille aussi tous les jours. C'est une petite montagne, dont les terres-glaises sont également variées dans leurs couleurs,

& semblables à celles qu'on tire des puits de Natacon.

Telles sont les quatres fameuses mines du pays de Bambouc. Je les appelle fameuses, parce que ce sont les seules que les noirs travaillent. Il n'est pas douteux qu'il n'y en ait plusieurs autres, puisqu'on voit à Guingoulou, à Coba & à Samarina, des marigots qui roulent un émeri d'or; & cet émeri ne peut venir que des montagnes de Tambaoura, d'où ces marigots descendent. Il est donc naturel d'en conclure que les montagnes de Tambaoura renferment aussi des mines d'or.

Le pays de Bambouc offre plusieurs mines de fer, & si abondantes, qu'elles s'épanchent sur la surface de la terre : ce fer est très liant, très malléable, très fin, & aussi sonore que l'argent; ce qui fait croire que si on en faisoit le départ, on pourroit y trouver de ce métal. Les noirs le savent parfaitement fondre, & le mettent tous les jours en usage.

Tant de richesses restent, pour ainsi dire, ensevelies dans la terre, par le peu d'expérience des noirs, & par la grossiereté de leurs opérations. Leurs mines sont profondes, il faudroit les creuser; mais en creusant, on seroit bien dédommagé de ses travaux, puisque ces décombres seuls, bien travaillés, sont suffisans pour indemniser de toute dépense, & qu'ils peuvent même donner un très gros bénéfice.

Les épanchemens de vapeurs sulfureuses & solaires, qui sont si abondantes, ont nécessairement un principe; & ce principe ne peut être autre chose que l'or renfermé & comprimé dans le banc de marbre crystallin & d'azur confus, au travers duquel cette vapeur se corporifie, ce qui forme les rameaux ou les veines; & comme la vapeur continue toujours son cours, & qu'elle ne trouve plus que des terres-glaises, qui ne sont pas capables de la corporifier, elle s'épanche &

forme la poudre d'or qui abonde dans ces émeris dont j'ai parlé.

Quel dommage qu'un pays si riche, à tous égards, ne soit pas mis en valeur! cette entreprise est une des plus belles & des plus lucratives qu'on puisse faire sur le globe. Avec peu d'argent & cinq cents hommes, on feroit aisément la conquête de cette riche contrée, sur-tout en soumettant les chefs par des présens & par de bons traitemens, ce qui seroit très facile. Peu d'artillerie suffiroit. Quant aux vivres, il n'y auroit aucune précaution à prendre, le pays offrant de toutes parts, & en abondance, les denrées de premiere nécessité. Seroit-il donc possible qu'on ne s'occupât point d'une expédition aussi avantageuse, & dans laquelle il n'y a aucune sorte de risque à courir.

Fertilité du pays de Bambouc.

Les mines d'or que renferme le pays de Bambouc, ne sont pas ses seules richesses. Quelques auteurs mal instruits ont représenté ce pays comme une contrée aride, & si aride que les noirs ne peuvent y trouver des pailles assez grandes pour couvrir leurs habitations. La campagne, au contraire, est par-tout arrosée d'un grand nombre de petites rivieres, dont les débordemens, qui arrivent tous les ans au temps des pluies, arrosent les terres, les engraissent, & fournissent assez d'humidité pour que les benteniers, les calebassiers, les tamariniers, les plus belles épines, & plusieurs autres arbres, y conservent leur verdure presque toute l'année; on en trouve d'une grosseur prodigieuse. Quelques-uns rapportent des fruits que les noirs trouvent fort bons, parce qu'ils y sont accoutumés, mais dont les blancs font peu de cas, à cause de leur acidité. Le miel y est très commun, & aussi bon que dans aucune contrée de la terre. Cet excellent miel n'est pas prodigué, parce que les noirs le gardent pour le vendre; mais des cultivateurs le rendroient bientôt abondant dans le commerce. C'est d'ordinaire sur les benteniers, les tamariniers & les calebassiers que les noirs posent leurs ruches; elles sont pleines lorsqu'ils les retirent, & le miel en est fort blanc; mais la chaleur du pays, ou la mauvaise préparation le faisant fermenter, il devient bientôt jaune, & si rempli de cire, qu'il faut que les blancs le fassent filtrer lorsqu'ils veulent s'en servir. Les noirs n'en mangent jamais; ils l'emploient à composer une boisson, qu'ils nomment Besdou, dont ils sont très amateurs.

Pour obtenir cette liqueur, ils font germer un peu de millet dans un grand vase plein d'eau, appellé Canary, parfaitement semblable à nos jarres de terre: après quoi ils y mêlent la quantité proportionnée de miel. Cette liqueur est exposée au soleil pendant huit ou dix jours; elle y fermente & devient si forte, qu'elle est très enivrante.

Les noirs aiment passionnément le lait; aussi ne négligent-ils rien pour en avoir. On y trouve un nombre infini de cabrits, peu de moutons, mais beaucoup de vaches, dont ils prennent un soin extrême; car ils sont assez superstitieux pour croire que s'ils en négligeoient une, cette insouciance leur porteroit malheur, & feroit mourir les autres de chagrin.

Le pays est couvert d'un excellent pâturage; c'est une herbe très-fine que les bœufs mangent avec avidité. Ils ne renferment jamais leurs bestiaux dans leurs habitations; ils les rassemblent dans une enceinte qui est commune à tout le village : ce lieu se nomme Coraillé. Chacun a le droit d'y aller traire les vaches qui lui appartiennent; ils font d'excellent beurre, dont ils se servent pour le riz & pour le sanglet : quelquefois ils s'en frottent le corps & les cheveux ; c'est un luxe parmi eux d'être bien graissé depuis la tête jusqu'aux pieds. Cette onction les rend fort puants, mais ils prétendent qu'elle entretient leurs forces.

Il croit dans le pays une espece de pois que les noirs appellent Guerté, & qui ressemble parfaitement à nos pistaches ; ils ont le goût de la noisette, surtout lorsqu'on a soin de les sécher au four, pour leur faire jeter leur huile. Ce légume excite beaucoup l'appétit, & croit dans la terre au bout de sa racine, qui pousse dehors une espece de feuille très verte, ressemblant au trefle de France. Les noirs en font une grande consommation ; ils le mêlent avec leur millet, & ils font d'autant plus de cas de cette production, qu'elle sert admirablement leur paresse naturelle ; car il suffit d'ensemencer un terrein une fois, pour recueillir trois récoltes pendant trois années consécutives, sans être obligé d'y faire le moindre travail; ce qui est d'un prix inestimable pour ces peuples, qui aiment mieux manquer du nécessaire que de labourer la terre pour vivre dans l'abondance. Outre ces especes de pistaches, les noirs recueillent de gros pois ronds, semblables pour le goût & pour la couleur aux féves de marais; ils sont très légers & cuisent très bien, sur-tout avec de la viande.

Il y croit aussi des féves blanches, exactement du même goût que nos aricots blancs. Enfin l'on y trouve des pois semblables à nos pois verds, & qui n'en different que par la couleur qui est rougeâtre.

L'usage du froment & des autres grains dont on fait le pain en Europe, n'est pas connu parmi les noirs; mais il n'y a point de doute que ces grains n'y vinsent en abondance.

On ne sait si ces peuples nous doivent la connoissance du bled de Turquie, ou si nous la leur devons. Quoi qu'il en soit, les noirs en sement & en recueillent une grande quantité ; ils en font du couscou : mais plus communément, pour s'épargner la peine de le piler, ils le mangent sans coque, bien grillé au feu, lorsqu'il n'a point atteint sa parfaite maturité ; c'est un grand régal pour eux.

Leur nourriture ordinaire est le couscou & le sanglet. Le couscou se fait avec la farine de millet, séparée du son & passée par une espece de van. Plus elle est fine, plus le manger est délicat. On y mêle des feuilles de calebassier pulvérisées ; ensorte qu'à force de remuer cette farine, elle devient en petits grains comme du sable : ce qui est causé sans doute par cette mixtion de feuilles pulvérisées, qui sont très gluantes. Lorsque la farine est dans cet état, on l'arrose avec du bouillon de viande : les petits grains une fois bien imbibés de ce bouillon, on mêle la viande avec la farine qui sert de pain ; & cet ensemble compose un manger qui d'abord rebute quelques blancs, mais qu'ils finissent par trouver très bon, & dont ils tirent d'autant plus d'avantage, que cette nourriture est très saine, très succulente, & qu'elle n'occasionne jamais ni rapports ni indigestions; ce qui fait qu'on en donne aux malades.

Le pays de Bambouc produit deux especes de millet, que les noirs distinguent par gros & petit millet. Le premier est particulier à ce pays, & je n'en ai vu nulle part que chez ces peuples. Le second ressemble au millet dont nous nous servons pour la nourriture des oiseaux. Ce millet y est très abondant, malgré l'excessive paresse des noirs qui ne travaillent, comme je l'ai déja observé, qu'autant de terre qu'il leur en faut pour ne pas mourir de faim.

La partie de cette contrée, que j'ai parcourue & visitée avec le plus grand soin, étoit encore beaucoup plus belle avant les incursions des Cassons, qui l'ont si souvent ravagée. On ne conçoit donc pas sur quelle autorité les écrivains de voyages ont osé métamorphoser une riche & fertile contrée, en un désert sec & aride. Et comment ce superbe pays ne seroit-il pas des plus fertiles ? Il est coupé par un nombre infini de petites rivieres, dont la plupart ont des sources naissantes : telle est le marigot de la Roche-plate, qui prend sa source sur le sommet d'une très haute montagne. Les noirs savent très bien profiter du débordement de ces petites rivieres ; ils sement du riz aux endroits les mieux situés pour l'inondation, & ce riz est aussi beau que celui que nous tirons du Levant. Les pailles ont par-tout, comme je l'ai dit, six pieds de hauteur au-dessus d'un homme à cheval. Les noirs s'en servent pour couvrir leurs cases, & ils les tressent pour en faire des nattes, qui ont jusqu'à huit pieds de large sur trente & trente-cinq de long. Peut-on donc appeler stérile, un pays qui produit des arbres de la plus étonnante grosseur, des légumes de toutes especes, du plus beau riz, des grains de plusieurs sortes, & qui offre à toutes les sortes de bestiaux les plus superbes pâturages.

Mœurs des Habitans.

Les Mandingues, qui habitent le pays de Bambouc, profitent très peu de la fertilité de cette riche contrée; ces peuples ne s'occupant que du nécessaire absolu. L'oisiveté & le repos sont leurs délices. On ne trouve presque point d'esclaves parmi eux; ils en auroient cependant besoin pour les travaux de leurs mines & de leurs terres. Ils ont la captivité en horreur, & sont peut être les seuls noirs qui ne se pillent & ne se vendent point les uns les autres. Les rois n'ont aucun droit de faire des esclaves dans toute l'étendue de cette contrée; & lorsqu'ils en ont, ces esclaves viennent du Bambaranna; ils les achetent aux marchands Guyangars, qui passent dans leur pays pour venir joindre la riviere de

Gambie, ou pour aller en Galam. Le prix ordinaire d'un esclave, payé en or, est de dix gros.

Comme le pays produit tout ce qui est nécessaire à la vie, les peuples du Bambouc font très peu de commerce avec leurs voisins.

Religion du Bambouc.

Les Mandingues du Bambouc professent la religion Mahométane, c'est-à-dire, qu'ils savent le nom de Mahomet; mais ils ne souffrent, parmi eux, aucuns maraboux : (sorte de prêtres) aussi ignorent-ils l'usage de la priere & du salam. Ils n'ont aucun soin de s'instruire, & paroissent même fuir les occasions d'apprendre.

Leur seul exercice est la danse, qui consiste, parmi eux, à se mouvoir avec une espece de fureur, au bruit tumultueux de quatre ou cinq tambours, qui cependant battent avec quelque sorte de mesure.

Cérémonie de la circoncision.

Ils vivent dans l'indépendance même de leur religion, qui ne les assujettit qu'à la circoncision; ils la font faire à leurs enfans, tant mâles que femelles, uniquement pour leur donner la liberté de se marier; car ce seroit un grand crime parmi eux, à un garçon ou à une fille, je ne dis pas de se livrer à la débauche, mais de s'y livrer avant d'être circoncis : aussi la circoncision semble-t-elle leur donner la liberté de s'abandonner au plaisir, sans remords & sans encourir le moindre blâme. Cette cérémonie se fait une fois tous les ans : on commence par les garçons. Par-tout ailleurs c'est un marabou qui fait l'opération; mais comme les Bamboucs sont assez sages pour n'avoir point de maraboux, c'est au maître du village que l'honneur d'exercer le sacerdoce est réservé.

La cérémonie commence par un grand

bruit de tambours & d'autres instrumens. Le maître du village tue un bœuf qu'il achete : tout le monde en mange ; & le repas fini, le peuple fait une espece de procession. Les joueurs d'instrumens marchent devant : les filles & les garçons suivent deux à deux, & sont eux-mêmes suivis de tous les habitans du village, qui jettent des cris horribles. Lorsqu'ils sont rendus au lieu où l'opération doit se faire, ils se partagent en deux bandes, les garçons d'un côté & les filles de l'autre. Le chef du village se présente alors avec un couteau à la main, dont il se sert pour couper les prépuces ; ces prépuces sont conservés précieusement, & mis dans un vase que le chef enterre avec respect : il fait aussi une incision aux filles, & il enterre la petite portion d'elles-mêmes dont il vient de les priver.

Après cette cérémonie, les circoncis ont le droit d'aller chercher à manger par-tout ailleurs que chez eux, pendant l'espace de quarante jours, durant lesquels

quels ils sont errans dans la campagne, sans qu'il leur soit permis d'avoir aucune communication avec les filles, qui sont errantes de leur côté. Pour parvenir à empêcher cette communication, quelques noirs réputés sorciers, qu'on nomme Mamayambaux, se frottent le corps de terre-glaise, s'enveloppent de branches d'arbres, & courent, un fouet à la main, sur les jeunes filles & sur les jeunes garçons : lorsqu'ils les rencontrent, ils s'acquittent très rudement de leur ministère, au grand contentement des peres & des meres, qui ont le plus grand soin de fêter & de bien nourrir les Mamayambaux, pendant tout le temps qu'il est prescrit à leurs enfans d'observer la continence.

Cérémonie du mariage.

LES Bambouquins ont des femmes en proportion de leurs richesses : ce n'est pas qu'il faille être bien opulent pour se marier; il suffit qu'un homme puisse donner à sa prétendue une pagne, un collier de verroterie, deux pataques & un panier de millet: c'est le prix ordinaire avec lequel on achete, même la fille du roi. Le mariage se fait sans aucune cérémonie, & sans qu'ils croient avoir besoin de maraboux. Le consentement des parties & le présent font tout. L'accord fait, la femme entre dans la case du mari; elle prend de l'eau; elle la verse, en s'inclinant, sur les pieds de l'époux, qu'elle essuie ensuite; & cette petite marque de soumission est la seule espece de cérémonie pratiquée parmi ces peuples. Ceux qui ont plusieurs femmes, ont aussi plusieurs appartemens séparés les uns des autres; & pour que la jalousie n'occasionne aucune division entre elles, chaque femme a soin de ses enfans en particulier. Tour-à-tour elles font à manger pour leur mari, qui ne mange jamais avec elles, mais qui les fréquente tour-à-tour par semaine.

Ces noirs sont assez prudens pour ne témoigner aucune préférence. S'ils ont des présens à faire, ils les partagent par égales portions; & ils ne donnent jamais à une de leurs femmes sans donner à toutes. Chaque femme jouit de son bien en particulier. La plus laborieuse est la plus riche: la plus expérimentée dans le lavage est celle qui possede le plus d'or. Cependant la riche ne peut se permettre plus de luxe que celle qui ne l'est point: le mari ne le souffriroit pas; elle ne peut faire usage de son bien que pour faire meilleure chere avec ses enfans.

Les femmes & les filles de Bambouc se livrent au premier venu pour très peu de chose: ce n'est point un déshonneur pour les filles. Quant aux femmes, tout rejaillit sur le mari, qui n'a d'autre vengeance à exercer que celle de chasser sa femme en gardant les enfans, & de porter sa plainte sous le Bantaba, où le conseil ordonne que celui avec qui la femme a eu quelque fréquentation, payera un bœuf au mari, ou qu'il sera pillé au profit de ce dernier. Voilà la seule punition de l'adultere, qui n'empêche pas la femme de trouver incessamment un autre époux, quelquefois moins rigide.

Les Bambouquins ne sont point guerriers ; ils abandonnent leurs terres & leurs biens, plutôt que d'en venir aux mains ; & ce n'est qu'à la derniere extrémité qu'ils se servent de leurs armes. Rien ne le prouve mieux que la guerre qu'ils ont depuis long-temps avec les Cassons, qui au nombre de quatre ou cinq cents hommes, les pillent & les brûlent presque toutes les années, sans aucune opposition. Au premier bruit de leur marche, les pacifiques Bambouquins se retirent dans les rochers de Tambaoura, lieu inaccessible à ceux qui n'ont point une parfaite connoissance du pays. Cependant les Cassons n'ont d'autres armes que celles des Bambouquins, c'est-à-dire, des fleches empoisonnées avec le suc de napel, que l'on trouve communément dans tout le pays. Ces fleches sont composées d'un bâton de roseau, ou arondot, au bout duquel on attache un fer en forme de dard; ils ne connoissent point l'usage des fleches emplumées, & ils se servent de l'arc d'une autre maniere que tous les autres peuples ; ils le tiennent par le milieu, de sorte que l'extrémité de l'arc est appuyée contre terre.

C'est avec ces seules armes que tous les ans, dans le temps des pluies, ils s'assemblent en grand nombre pour aller faire la guerre aux cochons marons & aux vaches brunes qui désolent toute la campagne. Ces animaux ne font aucune défense, & les noirs les tuent avec une grande dextérité; mais ils ne font aucun usage de leur adresse contre leurs ennemis. La fuite est leur unique ressource. Qu'auroient donc à craindre cinq ou six cents blancs bien armés & munis de pierriers & de grenades ? Ils soumettroient toute la contrée sans blesser un homme.

Comme les Bambouquins n'ont pas les arts plus en recommandation que la guerre, ils n'ont que deux sortes de professions, celle de maréchal & celle de *sapater*. Le premier travaille le fer avec un seul marteau & un soufflet : ces deux outils lui suffisent pour faire des couteaux en forme de poignards, des guyalos, des haches & des instrumens pour gratter la terre ; je dis gratter, parce que ces instrumens sont si foibles, qu'ils ne pénétrent pas à plus de deux travers de doigt de profondeur. On peut juger quel seroit le produit de ces terres si elles étoient bien travaillées.

Le sapater (1) est un ouvrier en cuir.

---

(1) Cette expression est originairement Portugaise. On s'en sert depuis l'époque des fameuses conquêtes des Portugais dans une grande partie de l'Asie & de ses isles, & dans une partie de l'Afrique & de l'Amérique. Cela seul donneroit une idée du rôle que les Portugais ont joué hors de l'Europe.

Ces artisans le préparent dans de l'eau corrompue, qu'ils teignent en rouge avec la graine d'un arbre du pays, dont j'ai oublié le nom. Les sapaters font aussi, pour les hommes & pour les femmes, des ornemens qu'on appelle *gris-gris*, & auxquels ils donnent, tantôt la vertu de guérir de quelque maladie, tantôt celle d'empêcher d'être blessé par les bêtes, & de connoître l'avenir. Leur superstition sur cet article est si grande, qu'ils regardent comme le plus grand malheur qui puisse leur arriver, ou la perte ou le mépris de leurs *gris-gris*. Cette superstition néanmoins cesse à l'égard des blancs; ils conviennent que nous sommes plus sorciers qu'eux; & ils assurent que nous avons le pouvoir d'enchanter leurs *gris-gris* de telle sorte, que nos ennemis ne sauroient se mettre à l'abri de nos canons, de nos grenades & de nos sabres.

Rien ne les épouvante plus que l'artillerie: le seul bruit les fait fuir avec toutes les marques de la plus grande frayeur.

Comme ils ignorent la maniere de s'en servir, & qu'ils en voient de si terribles effets, ils prétendent que le canon n'est point un instrument de guerre, mais plutôt une machine propre à briser les rochers, à abattre les forêts & à tuer des éléphans. Que seroit-ce si l'on jettoit devant eux quelques bombes, & qu'ils vissent jouer des mines?

Au milieu de tant d'ignorance, on est attendri du tableau des vertus morales de ce bon peuple, & de leur rigidité à remplir les devoirs sociaux. Ils croient que les bons sont récompensés après leur mort par Mahomet, qu'ils sont bien éloignés de regarder comme un Dieu, mais qu'ils disent être le plus intime ami du Très-haut. Ils répetent souvent qu'ils ne doivent pas faire aux autres ce qu'ils ne voudroient pas qu'on leur fît; ils ont horreur des imprécations & des sermens, & sont d'une douceur la plus intéressante : mais ce qu'on ne sauroit se lasser d'admirer parmi les Bambouquins, c'est leur amour & leur respect pour l'hospitalité; ils ne la refusent à personne. Jamais un noir ne manque du nécessaire : s'il est nud, on lui donne de quoi se couvrir; & il n'y a pas un seul de ses compatriotes qui lui refusât à manger. Un voyageur entre dans la premiere maison qui se présente à ses yeux; il salue le maître, & se met à manger avec lui : le repas fini, il adresse ces paroles à son hôte, qui lui fait toujours le plus riant accueil : *bissimalaye*, *laye inlalaye*, *amgrada*, *souarailaye*, c'est-à-dire, je te remercie frere, Mahomet te bénira. Avec ce secours, un voyageur parcourt un pays immense sans jamais manquer de rien.

L'indépendance, l'oisiveté, & surtout la grande méfiance qu'ils ont des blancs, les rendent quelquefois filoux à leur égard : ils regardent les vols qu'ils peuvent leur faire comme un tour d'adresse; & lorsqu'ils nous ont pris quelque chose, ils disent qu'ils ont gagné,

& regardent de très bonne foi leur vol, comme un bien si justement acquis, qu'il est très difficile de les engager à le restituer.

Leurs amusemens consistent à fumer, à danser & à faire des contes sous le Bentaba : ces contes font leur principal délice.

Commerce du Bambouc.

Avant les incursions si fréquentes des Cassous, les Bambouquins faisoient un commerce considérable en bestiaux & en or, qu'ils vendoient soit en Galam, soit en Gambie ; mais depuis que les Cassous ont désolé cette contrée, les Bambouquins n'osent presque plus sortir pour aller vendre leur or, leurs bœufs & leurs cabrits. Ils craignent toujours de rencontrer quelques Cassous, qui ne manqueroient pas de les voler ; & ce n'est que pour se garantir de leurs incursions, qu'ils desirent avec beaucoup d'ardeur d'avoir du canon & des blancs.

au pays de Bambouc.

Aujourd'hui le commerce s'y réduit à deux articles : les pagnes & le sel sont les deux seules choses que ces peuples demandent avec instance. Dans les lieux où les négres travaillent à la mine, les denrées ne se vendent entr'eux que pour de l'or ; au lieu que dans les autres cantons on en traite avec de la verroterie.

Quoique les noirs de Bambouc travaillent mal leurs mines, qu'ils perdent beaucoup de temps & de peine à leurs lavures, dont ils tirent très peu d'or, cependant le commerce de ce métal, qui se fait chez eux, est considérable. C'est de Bambouc que vient tout l'or que l'on traite au bas de la riviere de Gambie ; il y est apporté par les marchands Guyangars, qui leur ont donné en échange des pagnes de Gambie, quelquefois de la poudre, & rarement de la verroterie. Soit caprice, soit connoissance de cause, les Bambouquins aiment & connoissent l'or dont ils se défont mal-aisément : quelque attrait qu'ait pour eux notre verroterie, ils ne donnent jamais de l'or pour s'en procurer, mais ils n'épargnent pas leurs denrées; ils ne livrent leur or que pour des plaques d'argent ouvrées, des toiles noires & des pagnes du Sénégal, qui y sont sur-tout très recherchées.

Les Bondous qui viennent tous les ans, après les travaux de la mine dans le pays de Bambouc, se sont, pour ainsi dire, emparés du commerce des pagnes; ils cultivent chez eux une grande quantité de coton qu'ils mettent en œuvre pendant les pluies, & qu'ils viennent vendre aux Bambouquins. Ces marchands ont deux sortes de pagnes: les unes sont composées de sept bandes de trois coudées & demie de longueur, & d'un demi-pied de large; ils les vendent un gros d'or aux femmes; elles s'en servent pour se couvrir depuis le ventre jusqu'en bas: les autres, qui sont plus grossieres, sont à l'usage des hommes. Pour dix-huit grains d'or, le marchand leur livre cinq bandes de pagne de la largeur de cinq pouces, & de la longueur de trois coudées chaque bande.

Voilà le principal commerce des Bambouquins; car quoiqu'ils soient avides des marchandises des blancs, ils aiment l'or encore plus que nous, & en connoissent parfaitement le mérite. C'est ce qui fait que les femmes conservent, avec le plus grand soin, les ornemens qu'elles ne peuvent acquérir qu'avec de l'or: ces ornemens consistent sur-tout en une plaque d'argent quarrée composée de deux pieces, & quelques cordons de coralines longues.

Enfin, l'or qui reste dans le pays, après l'achat annuel des pagnes & des ornemens des femmes, les maures en font l'acquisition avec du sel qu'ils portent à Galam, & que les Bambouquins aiment avec passion.

Le lecteur peut être certain que cette relation lui donnera l'idée la plus juste & la plus vraie du pays de Bambouc. Cette contrée est sans doute digne des regards de la politique ; mais une seule réflexion semble repousser les vues de tout homme sensible, sur la conquête de ce beau pays. Honnêtes Bambouquins, nous vous aurions bientôt appris à connoître le malheur ; & bientôt aussi nous aurions substitué tous nos vices à vos touchantes vertus.

DES CASTES
INDIENNES.

DES

DES CASTES INDIENNES.

Quod vidi testor.

CETTE épigraphe devroit être celle de tous ceux qui se mêlent d'écrire sur les nations étrangeres : on enseigneroit quelques vérités utiles, au lieu de multiplier les fables dont les crédules humains ne sont que trop imbus ; & le philosophe observateur qui veut étudier l'homme chez les hommes de tous les pays, ne bâtiroit point de systêmes sur les impostures d'un romancier.

Vous me demandez de vous donner une idée des castes Indiennes ; je ne puis dans ce moment vous offrir qu'un

E

apperçu, mais au moins aura-t-il le mérite de la vérité.

Les castes Indiennes sont communément le premier objet de curiosité des Européens qui arrivent dans l'Inde; ils se persuadent avec assez de vraisemblance, que ceux de leurs compatriotes qui ont déjà fait un long séjour sur les bords du Gange, peuvent leur donner, à cet égard, les notions les plus certaines; mais pour peu que le voyageur ne soit pas homme à se contenter de mensonges extravagans & ridicules, & de préjugés reçus & transmis, il s'apperçoit bientôt que les prétendues instructions qu'on lui donne, ne sont que des contes absurdes que l'ignorance fait circuler dans nos comptoirs.

Pour connoître les castes indiennes, il faut avoir appris les langues des Indiens, il faut avoir lu leurs livres & vécu avec ces Asiatiques, & comme eux, pendant plusieurs années : c'est ce que j'ai fait; ce qu'on va lire doit donc être regardé comme la déposition d'un témoin oculaire.

Le mot de caste n'est pas Indien, il est Portugais, & signifie les différentes tribus qui composent les nations Indiennes. La division la plus généralement reçue dans les livres du pays, est celle qui partage ces tribus en quatre : celle des Brahmes ou Brahmanes, celle de Rajas ou des Rois, celle des Veichies ou Marchands, celle des Soudres ou Choutres. Ces quatre castes universelles se subdivisent encore en d'autres castes particulieres, dont les noms, l'esprit & le nombre sont différens dans certaines contrées & dans certains idiômes de l'Inde. On trouve, par exemple, au pays de Tamoul, occupé par la caste des Choutres, des Vellales, des Agamboulés, des Eudeiers, des Palli, &c. au lieu que dans la contrée de Telougou ou Talenga on ne voit des quatre castes particulieres que je viens de nommer, que les seuls Eudeiers, appellés dans cette partie de l'Inde Gollas ou Pasteurs.

Ces castes sont encore divisées par familles ou *parentages*. Tous les Vellales, par exemple, ne se regardent point comme du même sang; ils distingnent dans leurs castes mêmes leurs parens & leurs alliés. La loi de leurs mariages les a nécessairement soumis à se subdiviser en *gotrams* ou souches; & il n'y a point de Brahmes sur-tout qui ne sachent le nom de l'ancien pénitent dont ils descendent par les mâles de pere en fils. Les autres castes conservent aussi le dépôt de leurs descendances, mais d'une maniere moins positive. Les Choutres entr'autres ont un peu négligé la série de leurs filiations.

On apperçoit quelque subordination entre les castes générales: celle des Brahmes passe communément pour la premiere: la caste des Rajas est la seconde, ainsi que je l'ai observé; mais les deux dernieres se disputent quelquefois la prééminence: celle des Choutres ne la cede pas toujours aux Veichies. La priorité hiérarchique des Brahmes souffre même quelque contestation. Les jainers & les ouvriers en métal & en pierres ne reconnoissent pas, dans toute l'Inde, cette suprématie des Brahmes. Au reste, chaque Indien croit, comme de raison, sa caste fort au-dessus des autres: les Indiens ressemblent absolument aux Européens pour ces sortes de puérilités ; mais ici comme ailleurs, l'opinion publique fixe les rangs ; & c'est d'après elle qu'on peut en avoir une.

Les castes où l'on se pique le plus de propreté, où l'on fait toujours maigre, où l'on ne s'est jamais relâché sur la noblesse de ses cuisiniers, où les femmes vivent dans la retraite, où la mort est le prix de leur moindre foiblesse, où le zele pour le bien public, pour la conservation des priviléges, des usages, des mœurs, ne s'est point ralenti : ces castes jouissent d'une plus haute considération à quelques égards. Ces titres de grandeur valent bien nos titres, & à quelques autres, je ne sais pour laquelle de nos castes les Indiens auroient le plus souverain mépris. En général les Brahmes l'emportent, sans contestation, pour la propreté; mais les femmes de leur caste peuvent vivre comme les nôtres, sans courir le moindre risque. Les Rajas, au contraire, ne sont pas plus traitables sur la galanterie que les Florentins d'autrefois, tandis qu'ils n'observent pas avec beaucoup de rigueur la loi de propreté. La caste des Veichies ou marchands, tient plus de l'esprit de celle des Brahmes; & celle des Choutres a plus de rapport avec la caste des Rajas. Au reste, des castes moins nobles dans un canton, le sont davantage dans un autre, selon que les Indiens y vivent plus noblement, & possedent des emplois ou même des souverainetés plus considérables. Celles où les veuves se remarient sont généralement les moins estimées; mais on ne trouve guere que parmi les *parias* des femmes qui poussent l'oubli d'elles-mêmes jusqu'à convoler en secondes noces.

Les noms distinguent sur-tout les castes Indiennes, comme parmi les Juifs. Ces noms renferment quelquefois un grand sens; mais la plupart sont si anciens, & la signification en est perdue depuis tant de siecles, que l'érudition du plus docte des Brahmes est à chaque instant en défaut sur ces sortes de matieres. A la vérité, nos commentateurs & nos étimologistes ont écrit de si belles choses là-dessus, qu'il nous est absolument inutile d'avoir recours aux savans de l'Inde.

Les priviléges sont aussi, comme ailleurs, une marque distinctive des castes. Le droit de faire porter devant soi, dans une cérémonie, un étendard de telle couleur, de se couvrir de telle armure dans une pompe funebre, de ne paroître qu'en palanquin dans une certaine circonstance : ces droits appartiennent aussi exclusivement à une telle caste, que la prérogative d'entrer en carrosse, dans les cours royales, appartient à nos ducs ; & il n'y a point d'Indien qui n'exposât mille fois sa vie pour conserver, aux seuls membres de sa caste, des distinctions si précieuses, & pour empêcher ceux d'une autre tribu d'avoir le bonheur de les partager. Le luxe & la forme des habits indique encore la supériorité des rangs; mais ce qui pourroit vous surprendre, c'est que les cordons sont ici, comme chez nous, une marque de prééminence. Les Indiens en portent de toutes les couleurs; ils les portent en bandouliere, comme les grands de nos premieres castes; & l'on ne voit pas sans admiration, que ces peuples sont tout aussi avancés dans ces découvertes utiles, que les Européens du dix-huitieme siecle. La politesse, l'éducation, la pureté du langage, le choix des mots caractérisent encore l'excellence des castes, quoique moins positivement, comme l'état de chaque individu désigne presque toujours à quelle caste il appartient. Les Brahmes sont pour l'ordinaire destinés à l'étude: le partage des Rajas est de faire la guerre;

Des castes Indiennes. 73

les Veichies s'adonnent au commerce; & les travaux pénibles, sur-tout ceux de l'agriculture, sont abandonnés aux Choutres. Ce n'est pas que malgré les assertions des auteurs Européens, on ne puisse voir des Choutres écrivains & des Brahmes laboureurs; mais ce sont des exceptions à l'usage. Telle profession appartient ordinairement à telles castes, & les Indiens de celles-ci n'en permettent l'exercice qu'aux membres de leur tribu. Quant aux métiers que ces peuples regardent comme vils, ceux de barbier, de cordonnier, de blanchisseur; ils ne sont jamais exercés que par les fils de ces artisans.

Quelques Français accoutumés à tourner en dérision tout ce qu'ils n'ont pas vu pratiquer en Europe, demandent où est l'avantage de ces corporations, qui semblent faire d'un peuple immense une espece de communauté divisée en classes. Les Indiens leur demandent pourquoi la France est partagée en gouvernemens, en généralités, en élections ? Pourquoi les citoyens sont eux-mêmes partagés en trois castes, la caste du clergé, la caste de la noblesse, & la caste du tiers-état ? Pourquoi Moïse partagea les Israélites en tribus, les tribus en familles, & les familles en maisons. Les Indiens ont eu le bon esprit de voir que les corporations présentent à chaque instant les citoyens à la vigilance de la loi, facilitent les manœuvres de l'administration, & font pour chaque individu, de l'intérêt général, un intérêt particulier. Le déshonneur qui rejaillit sur une caste entiere, des fautes d'un de ses membres, force les Indiens à s'observer, à s'éclairer mutuellement, à se contenir les uns les autres dans les bornes du devoir, & à punir les infractions avec la derniere sévérité; car chaque caste a le droit du glaive, qu'elle exerce d'après ses loix particulieres, dont le prononcé est irrévocable. Dans les castes où l'adultere, les foiblesses d'une jeune fille, celles mêmes des veuves, sont punies de mort, rien ne peut soustraire au châtiment, ni la victime ni le suborneur. Celui qui vole, qui vend ses enfans, est chassé de sa caste, de sa famille, de sa maison, sans espoir d'y rentrer jamais, au nom de la caste même qui ne se borne pas à le punir, mais qui poursuit encore comme complices tous ceux qui ont osé manger, boire ou communiquer avec le coupable. C'est ainsi que la police des castes conserve parmi ces peuples les principes de la morale, qu'elle reprime le vice, empêche les Indiens de tomber dans la barbarie, où leur molesse naturelle les auroit bientôt plongés, & transmet d'âge en âge, sans la moindre altération, les bonnes coutumes & les réglemens utiles. Cette forme d'administration est d'autant plus sage, que les princes de ces contrées ont un pouvoir très-limité sur les Indiens, qui sont plutôt leurs fermiers que leurs sujets. L'autorité des castes peut donc seule maintenir le bon ordre; elle réunit à cet avantage celui de mettre un frein aux entreprises des princes, s'ils osoient attenter à la liberté de la nation. J'ai vu, par l'ordre d'une caste, fermer tout-à-coup les boutiques, les atteliers, les comptoirs des villes, suspendre les travaux de la campagne, interrompre toute communication, jusqu'à ce que le prince eût réparé une injure qu'il avoit faite à un marchand de cette caste.

On conçoit aisément qu'avec de semblables précautions, chaque famille indienne peut connoître & manifester son origine; & les Indiens regardent la facilité de prouver une descendance non interrompue, & sans aucun mélange, comme un des principaux avantages de leurs institutions. Ils ne peuvent se marier que dans leurs familles ou dans leurs castes, & ne sauroient contracter d'alliances mal assorties : aussi leurs races n'étant jamais croisées par l'admission de quelque personnage inconnu, leurs preuves sont toujours de la plus grande

Des castes Indiennes. 77

lucidité. Tel Indien peut faire remonter l'antiquité de sa maison, sans mésalliance, sans lacune, jusqu'à trente & quarante siecles (1). Ils sont très-jaloux de leur

---

(1) La longue série d'une pareille filiation, à laquelle toutes nos maisons souveraines sont si éloignées de pouvoir atteindre, m'avoit paru le triomphe de l'art héraldique; mais j'ai vu depuis, chez divers particuliers d'Allemagne & de la Flandre Autrichienne, dont j'ai oublié les noms, des tapisseries de cartes généalogiques enluminées, dont l'arbre étend ses branches jusqu'à Noé: on y lit dans le premier quarré le nom de ce conservateur de l'espece humaine. Ces cartes sont de la plus grande exactitude: il n'y manque que l'écusson du patriarche; il a fallu le laisser en blanc, de même que ceux de deux ou trois cents de leurs héritiers en ligne directe, que ces gentilshommes d'extraction parviendront sans doute à découvrir à force de recherches. Je n'en ai trouvé qu'un seul qui a eu connoissance des armes de Noé; elles étoient parlantes dans l'arbre généalogique: ce patriarche y porte de gueules à l'arche de sable, surmontée d'une colombe d'argent, qui tient dans son bec une branche d'olivier de sinople.

noblesse (2); & ce n'est pas sans fondement. Un Indien pauvre, mais d'une race noble & ancienne, trouve aisément parmi ses égaux à faire un mariage de fortune; il sera même préféré à un Indien riche, mais d'une naissance moins illustre : car ces asiatiques ne sont pas civilisés comme nous. Ils ne vendroient pas l'honneur de leur alliance au premier brigand, que l'excès même de ses rapines a soustrait au glaive de la justice; ils n'épouseroient pas la fille d'un voleur public, dont ils rougiroient de partager les richesses & l'infamie; ils ne connoissent pas encore cette étrange expression de *fille d'argent*, dont nos grands se servent pour désigner une fille riche qu'ils vont épouser, & qui va bientôt devenir la

―――――――――――

(1) Qui n'est pas toujours une chimere, (supposé qu'il y ait autre chose sur ce triste globe) quoi qu'en disent nos philosophes chansonniers, dans les pastorales édifiantes qu'ils font prêcher sur le théâtre de l'Opéra-Comique.

mere de leurs enfans. Chaque pays a ses coutumes & ses préjugés, dit un axiome aussi vieux que sensé.

Les castes contribuent principalement à la conservation des arts, malgré l'avarice & les ruses des princes & des Brahmes, en obligeant, pour ainsi dire, le fils à faire le métier de son pere. On peut voir ce que le fameux évêque de Meaux écrit à ce sujet, en faveur des castes Égyptiennes, dans son excellent discours sur l'histoire universelle : mais le plus grand avantage qui résulte de la constitution des castes, est dans les secours multipliés que cette forme sociale offre sans cesse à l'humanité. Les liens du sang n'unissent guere que les parens les plus proches, & les infortunés trouvent rarement dans un si petit cercle, les secours & l'appui que leurs besoins exigent. Les Indiens ont donc réuni les hommes en grandes familles, dont tous les membres ont un intérêt commun à se soutenir mutuellement, & dont les liens sont si bien tissus, que rien ne peut les rompre. Telles ont été les vues sublimes des anciens législateurs de l'Inde; & certes ils ont une gloire sans exemple sur le globe, puisque leur ouvrage s'est maintenu dans son intégrité malgré les révolutions de tant de siecles.

La grande autorité des castes est ce qui a principalement soutenu leur régime; elles ont le droit de retrancher un coupable de leur corps, d'infliger des punitions ignominieuses & corporelles, & même de condamner à la mort. Cette derniere peine n'est guere prononcée que contre les femmes, comme je l'ai observé. Cependant si un Paria, déguisant sa caste, osoit se mêler parmi des Brahmes, ou seulement avec des Choutres, s'il avoit l'audace de manger avec eux, s'il touchoit à leurs vases, il couroit risque de la vie; & par une espece de *jugement de zele*, comme parmi les Juifs, il seroit vraisemblablement assommé à l'instant où il seroit reconnu.

Les

Les châtimens ignominieux sont bien plus fréquens que la peine de mort. Les plus usités sont de raser la tête aux femmes, de promener un coupable sur un âne, de le chasser de la ville, de rompre la ligne ou le cordon de ceux qui le portent, de jetter de la bouze de vache au visage, (tant il est faux, comme l'assurent des relations absurdes, que les Indiens s'en frottent les joues) de faire verser à boire par la main d'un Paria ou d'un cordonnier; enfin de chasser à jamais de la caste. L'exercice de cette autorité est attribuée à certains chefs que les castes se donnent. Dans un canton un peu étendu, on en élit plusieurs; c'est à eux que les Indiens ont recours, lorsqu'il s'agit de quelque cas difficile ou douteux: le chef décide alors, assisté des anciens & des notables de la caste. Quelquefois ce sont des vieillards du village où se trouve le coupable, qui s'attribuent cette jurisdiction.

Il est bien plus dangereux d'être traduit devant les *gourous*, qui, dans certaines castes, sont les juges naturels de la plupart des délits : ces *gourous* sont fort riches, parce qu'ils infligent des amendes à leur profit. Cet usage a lieu sur-tout parmi les castes de Brahmes & d'artisans.

Mais le châtiment le plus cruel pour un Indien, est l'exclusion de sa caste; un Indien perd ses parens, ses amis, quelquefois sa femme & ses enfans, qui aiment mieux l'abandonner que de suivre sa mauvaise fortune. Les liens du sang & de l'amitié sont désormais rompus pour lui; il n'a plus de société : isolé au milieu des hommes, aucun n'oseroit même lui donner des alimens. Il n'y a point d'Indien qui n'aimât mieux mourir que de recevoir un verre d'eau de sa main. Partout où il porte ses pas, il s'entend traiter d'infâme, de méchant, d'homme avili; s'il a des filles personne ne veut les épouser, & aucune fille n'épousera ses garçons. En perdant sa caste, il ne lui reste pas même la ressource d'être admis dans une

Des castes Indiennes. 83

caste inférieure, comme un gentilhomme qui perd sa noblesse; car jamais un Choutre honnête ne donneroit sa fille à un Brahme dégradé : un Indien sans caste, en un mot, semble ne plus appartenir à l'espece humaine.

Ces sortes d'Indiens chassés ne sont point rares dans les colonies Européennes; mais malheur à qui leur donne sa confiance. Un Indien de caste pourra bien vous tromper; mais un Indien sans caste est toujours & peut être nécessairement un voleur & un traître.

Cette terrible exclusion se fait de plusieurs manieres. Pour expulser un Brahme de sa caste, on lui coupe & on lui arrache la ligne ou le cordon qu'il portoit pour marque distinctive de son rang. Souvent on fait seulement déclarer par les chefs, qu'un tel vient d'être chassé de sa caste : quelquefois on se contente d'employer une voie plus simple, mais non moins efficace, en refusant à un Indien d'assister aux mariages de ses

F 2

parens, en ne l'appellant pas lorsqu'on se marie, selon la loi du pays, en cessant de communiquer & de manger avec lui: injures qui toutes annoncent la proscription, mais que personne ne peut se permettre arbitrairement.

On ne doit donc plus s'étonner qu'un Indien soit encore plus attaché à sa caste, que le noble le plus vain ne l'est à l'antiquité de sa race : aussi cet attachement est-il au-delà de toute croyance. Il n'y a guere d'Indien qui ne sacrifiât sa vie à la seule crainte de perdre sa caste. Nous vîmes un exemple bien frappant de cet amour excessif, dans la personne d'un jeune Indien d'une contrée lointaine. La faim l'avoit réduit à la maigreur la plus affreuse. Un médecin jugea qu'il ne pouvoit passer la journée. Plusieurs Français & moi nous entourions cet infortuné : attendris jusqu'aux larmes, nous envoyâmes promptement chercher du riz, des légumes & de la viande, mais le malheureux jeune homme ne

Des castes Indiennes.

voulut jamais manger, quelques instances que lui fissent les Indiens même qui lui représentoient qu'il n'avoit rien à craindre de ses parens, puisqu'ils étoient à plus de trois cents lieues, ni de sa caste puisqu'elle l'avoit banni, que d'ailleurs il étoit près d'expirer. J'aime mieux mourir, répondit-il d'une voix affoiblie, que de me déshonorer en mangeant de ce qui a été apprêté par des Parias, & il mourut devant nous, les yeux élevés au ciel. Je n'ignore pas qu'on trouve des Indiens beaucoup moins scrupuleux, qui font des débauches avec les Européens, & qui commettent avec eux des actions qui les feroit chasser de leurs castes; mais c'est toujours en secret qu'ils s'abandonnent à ces coupables excès, & peut-être ces Indiens sont-ils de la derniere caste, ou même *perdus de caste*. Quoi qu'il en soit, ces exceptions ne se voient que sur les côtes habitées par les Européens, où en général il est impossible de juger des Indiens, parce que nous les avons corrompus. Qu'on ne pense pas néanmoins que la contagion ait jamais gagné les premieres castes : il n'y a ni exemple, ni crainte, ni violence qui puisse ébranler ceux qui ont l'honneur d'en être membres. L'épithete de *coulan pondaven*, ou d'homme qui a perdu sa caste, leur inspirera toujours plus d'épouvante que la mort la plus cruelle ; & l'on peut assurer que l'effroi qu'imprime à ces peuples ce banissement, qui anéantit pour ainsi dire l'homme banni, sera long-temps à l'épreuve de la communication avec les Européens.

Il n'y a point d'antiquité comparable à celle de l'institution des castes. Chaque Indien doit se marier dans la sienne, & choisir même une femme parmi ses parens. Cette conformité de la loi Indienne avec la loi des Juifs, est digne de remarque. Le plus ancien patriarche Juif, depuis le déluge, Abraham épouse sa niece ou sa sœur de mere : son fils Isaac épouse une de ses proches parentes.

Rebecca ne pardonne point à Esaü de lui avoir donné pour brus des Cananéennes; & elle envoie son fils Jacob se marier dans sa famille. C'est ainsi que les Indiens établis loin de leur pays, y vont chercher des femmes pour leurs fils, & des maris pour leurs filles. Comme les Indiens, les Egyptiens ne mangeoient pas avec toutes sortes de convives: *Illicitum est Egyptiis comedere cum hæbreis*, dit l'écriture. Les Israélites observoient la même loi à l'égard des étrangers. Judith à la table d'Holopherne, tout en méditant d'égorger ce général, se garde bien de manger d'autres mets que ceux qu'elle avoit apportés: Daniel & ses compagnons refuserent de manger de la table du prince; & Tobie est loué de ne s'être jamais souillé en mangeant de celle des maîtres dont il avoit été l'esclave. Il est évident que Moïse établit, de l'ordre de Dieu même, la distinction des castes parmi le peuple Juif, le peuple nommé de Dieu par excellence. Le chef des

Israélites ne faisoit qu'adopter, à cet égard, le système & la hiérarchie politique de l'Egypte. Les missionnaires chrétiens assurent que les anciens législateurs de l'Inde doivent l'origine de leurs castes aux loix d'Egypte & de Moïse. Je pense comme ces missionnaires ; mais les Brahmes, qui ne sont pas chrétiens, se moquent d'eux, & soutiennent que leur institution a précédé celles des Egyptiens & de Moïse de plusieurs milliers de siecles. On ne peut que gémir de l'ignorance & de l'aveuglement de ces Gentils.

Les Indiens ont diverses opinions sur leur origine. Quelques-uns disent qu'ils descendent de leur dieu *Brahma* : de son visage, ajoutent-ils, sortirent les Brahmes ; les Rajas naquirent de ses épaules, les Marchands, de son ventre, & les Choutres, de ses pieds. On voit assez que cette tradition n'est qu'une allégorie qui non-seulement désigne le rang des castes, mais qui indique encore

Des castes Indiennes. 89

l'état de ceux qui les composent. Les Brahmes ont le dépôt des sciences, & sont, pour ainsi dire, obligés d'avoir le talent de la parole (1). La force est le partage des Rajas : les Marchands sont occupés à recueillir tout ce qui sert à la nourriture de l'homme ; & les Choutres sont destinés aux travaux de la terre.

Un des plus anciens livres Indiens attribue l'invention des castes à *Manourou*. Nos missionnaires assurent que ce *Manourou* n'est autre que Noé : les Indiens prétendent au contraire que *Manourou* est plus ancien que Noé de plus de vingt mille ans. Selon eux & selon leurs

---

(1) Les Indiens assignent le premier rang à leurs Brahmes ; ils pensent que le premier des dons est celui du génie & de l'esprit, qui sait commander à la force même ; ils croient que ce beau présent de Dieu constitue la véritable supériorité, & que toute autre prééminence, ouvrage des hommes, n'est que de convention.

livres, ce législateur institua les castes peu après un déluge, duquel il s'étoit préservé avec un certain nombre des siens, en fabriquant un vaisseau qui les sauva du naufrage universel. Il est clair que ces traditions Indiennes sont des fables démenties par l'ancien testament. Quoi qu'il en soit, nos missionnaires ne nient pas que Noé ait institué les castes, ce qui leur donne toujours une antiquité bien respectable. Cette constitution politique réunit les hommes en corps de familles, comme je l'ai déja observé, établit entr'eux la régularité & la surveillance des mœurs, conserve l'ordre dans les mariages & la filiation dans les descendances, maintient les peuples dans la subordination, supplée au peu de vigilance des princes, & oppose une barriere à tout abus d'autorité. Rien n'est donc plus naturel que l'attachement des Indiens à leurs castes.

Ce seroit en vain qu'on iroit prêcher notre sainte religion à ces peuples, si nos prêtres exigeoient d'eux, pour premier sacrifice, de renoncer à leur hiérarchie. Nos missionnaires s'exposeroient à être traités comme perturbateurs du repos public, s'ils s'élevoient contre le régime des castes, qu'aucun chrétien n'a le droit d'improuver.

Quelques usages des castes paroissent puériles & même superstitieux à beaucoup d'Européens : telle est la loi qui exclut les Parias des villages & des temples, & celle qui défend de manger de la vache. Ces deux articles me donnent lieu d'entrer dans quelques détails qui serviront à développer le génie & les mœurs des Indiens.

Leurs usages ne sont ni plus frivoles, ni plus risibles que ceux des Européens. Chaque nation peut blâmer & tourner en raillerie les coutumes des autres peuples. Si nous faisons des reproches aux Indiens, sans doute ils ne nous les épargnent pas; & plut à Dieu qu'ils n'eussent à nous reprocher que des ridicules. Parmi tant d'usages adoptés par les diverses nations, il seroit très difficile de dire quels sont ceux qui méritent la préférence. Les Indiens peuvent nous demander, par exemple, pourquoi le bouton du chapeau se pose à gauche, pourquoi on n'en porte pas un de chaque côté, pourquoi nous n'allons pas en bonnet de nuit dans les rues, pourquoi nous saluons en nous découvrant la tête, pourquoi alors, nous avançons & reculons le pied en éfleurant la terre? Qu'aurions nous à répondre à ces questions & à tant d'autres; sinon que c'est notre usage, & qu'il seroit ridicule de ne pas s'y conformer. C'est ainsi que les Indiens suivent les leurs, parmi lesquels il faut convenir qu'on en trouve beaucoup de bien fondés. S'ils se frottent de sandal; c'est parce que le sandal est odoriférant, qu'il pompe la sueur & empêche les boutons. Ils vont cracher hors de leurs maisons, pour mettre un frein à l'usage si dégoutant, de la plupart des Européens, de cracher dans leurs

Des castes Indiennes. 93

appartemens, & afin de ne point salir leurs pieds, ni souiller leur robes, en s'asseyant à terre, selon leur coutume: ils quittent leurs souliers à l'entrée de leurs maisons, pour ne point porter d'ordures dans l'intérieur : ils ne mangent pas de la main de tout le monde, par horreur pour la mal-propreté & pour ne pas contracter les infirmités des gens mal-sains, lesquelles se communiquent aisément dans un climat si chaud. Toutes ces précautions d'une excessive propreté, sont indispensables sous un ciel brûlant : quant à l'attachement que les Indiens ont pour certains usages qui nous paroissent indifférens, il n'est pas moins raisonnable, parce que ces usages tiennent presque tous à la constitution politique : pour en conserver le fond dans toute sa pureté, ils ont grand soin de ne pas altérer les formes.

On accuse ces peuples d'un grand nombre de coutumes superstitieuses. Cette accusation est exagérée par des

Européens, qui condamnent tout ce qui ne se pratique pas en Europe : mais il est plus aisé de blâmer que d'étudier les langues des Indiens & de lire leurs livres : or, cette étude même ne suffit pas. Leurs diverses contrées, leurs livres, leurs sectes, varient sur les pratiques ; elles se contredisent quelquefois : & pour les bien connoître, il faut vivre long-temps avec eux & comme eux. Peu de voyageurs voudront acheter à ce prix le droit de prononcer sur ces coutumes. Au reste, quelques-unes de leurs superstitions leur sont communes avec bien d'autres peuples ; ils croient aux bons & aux mauvais jours ; ils imputent à mauvais présage la rencontre d'un lievre, d'un serpent, d'un Brahme seul ; ils saluent l'outil dont ils vont se servir. Plusieurs nations ont les mêmes foiblesses, & beaucoup d'hommes n'en sont point exempts parmi celles qui sont les plus éclairées.

Les Indiens ont aussi quelques pratiques bizarres, comme celle de se frotter

Des castes Indiennes.

le front avec une pincée de cendres, pour n'avoir pas, disent-ils, le visage désert & abandonné. Cette coutume est-elle plus supertitieuse que le compliment que nous faisons à celui qui éternue devant nous, ni que l'usage constant où nous sommes de saluer à coups de canon en nombre impair.

Rien n'est plus sage que la regle prescrite aux missionnaires, à tous ces égards, par la congrégation de la Propagande. Il leur est enjoint de ne condamner, de ne proscrire, en fait de coutumes, que ce qui est vicieux en soi. Les Jésuites, qu'on a toujours accusés d'une excessive indulgence, ont souvent été plus rigides. La vigilance de leurs ennemis, & la crainte du blâme, les ont quelquefois rendus trop séveres. Ils ont interdit aux chrétiens Indiens plusieurs pratiques indifférentes, dont l'abolition faisoit croire à ces peuples que les Jésuites vouloient attaquer le régime de leurs castes, en retranchant ce qui ne paroissoit avoir aucun rapport avec la religion.

Parmi les coutumes Indiennes, celle qui paroît la plus ridicule aux Européens, est l'exclusion prononcée contre les Parias, qui ne peuvent ni habiter dans les villages, ni même entrer dans les temples. Il est bon de faire connoître les Parias à ceux qui blâment légérement cette rigueur, & de leur expliquer les justes motifs de cette espece de proscription.

Dans la plus grande partie de l'Inde, les Parias sont nés esclaves, & en cette qualité valets de village ; ils sont obligés d'enlever les immondices & les charognes : aussi leur mal-propreté fait elle horreur. La grossiereté de leur esprit répond à la saleté de leurs corps. Il n'y a parmi eux ni régime, ni mœurs, ni aucun principe de justice ; ils se livrent sans pudeur à toutes sortes de désordres, & commettent par abrutissement tous les excès

Des castes Indiennes.

excès dont les Brahmes se rendent quelquefois coupables par débauche. Mais ce qui révolte sur-tout la délicatesse des Indiens, ce sont les alimens infâmes dont les Parias se nourrisent : attirés par la puanteur d'une charogne, ils vont disputer aux chiens & aux corbeaux ces abominables dépouilles, ou plutôt partager avec ces animaux les cadavres pourris des bufles & des ânes qu'ils emportent dans leurs tanieres, & qu'ils dévorent sans pain ni riz; il leur importe peu de quelle maladie les bêtes sont mortes : souvent même ils les empoisonnent pour s'assurer d'une proie, & se nourrissent ensuite indifféremment de ces chairs putrides & empoisonnées (1). Voilà les hommes dont on fuit les approches ; & comme la plupart des Indiens font

---

(1) Pourquoi y a-t-il parmi les Indiens une race d'hommes si éloignés des autres ? Cette différence énorme entre des individus de la même espece n'existe point en Europe.

G

maigre par esprit de propreté, personne ne veut être le voisin des Parias, dont les cabanes sont remplies & infectées de lambeaux de charognes, & entourées d'ossemens. C'est donc avec raison qu'on les a relégués hors des villages où ils forment des hameaux séparés. Comment seroient-ils traités en Europe ? Peut-être plus rigoureusement. On les a chassés de l'enceinte de Pondichéri où ils étoient autrefois en grand nombre. Ce n'est point en haine de leurs personnes que les Indiens les ont ainsi séquestrés. Il n'y a point de Brahme qui ne leur parle, qui ne s'en serve pour panser ses chevaux, & même pour porter des lettres à un autre Brahme. A la vérité, ils ne les laissent point entrer dans leurs maisons. Nous agissons en Europe avec encore plus de rigueur à l'égard des bourreaux, dont les Parias font aussi les fonctions par état.

Tout ce que je viens de rapporter doit s'appliquer également aux cordonniers; dont les mœurs sont encore plus méprisables, & dont les castes sont inférieures à celles des Parias mêmes.

S'il est d'usage de les séparer dans nos églises, ce n'est point pour ménager la délicatesse des autres chrétiens, en qui, après tout, elle ne seroit pas condamnable. Les missionnaires ont pris cette précaution pour ne pas éloigner les Indiens, pour qu'ils ne pussent pas craindre qu'on veuille attenter à la constitution de leurs castes, ni se persuader que pour embrasser la religion chrétienne il faille se dégrader. Faute d'avoir usé de semblables précautions, beaucoup d'Européens ont essuyé le reproche d'être déchus de leurs castes, & de s'être faits Parias. Les Danois ont sur-tout éprouvé les suites fâcheuses de leur indifférence à cet égard. Ils ont reconnu trop tard combien il importe de respecter les usages du pays: ils n'obligent plus les Indiens à ôter leurs toques en entrant au prêche, comme ils les y contraignoient autrefois; ils séparent les Parias; ils ne leur présentent plus la coupe avec les Indiens des autres castes : mais ces précautions tardives sont presque infructueuses; & malgré leurs largesses, les Danois n'attirent guere que des gens sans aveu, tandis qu'on voit à Pondichéri & aux environs des chrétiens honorables, & des castes même les plus distinguées. Observons toutefois que cette séparation n'est pas inconnue parmi nous. Les soldats ne se mêlent point avec leurs officiers dans nos églises ; le clergé y est séparé des laïcs ; les seigneurs & les marguilliers de paroisse ont des bancs particuliers. Chez les Chartreux, les freres sont hors du chœur & relégués dans un lieu où ils ne voient pas même le grand autel. Il n'y a pas long-temps que dans quelques cantons de la basse Bretagne une race de Bretons, appellés les *Caquins* (1), étoit exclue de l'église.

---

(1) On peut voir ce qu'a dit M. le Vicomte

Des castes Indiennes. 101

Ces *Caquins* n'y entroient pas même pour recevoir la communion, qu'on leur donnoit sous le porche. Quand des Européens ne voudroient pas s'asseoir à côté du bourreau ou d'un écorcheur, personne ne les blâmeroit de cette délicatesse. On peut conclure de tout cela, que les Parias seroient peut-être plus maltraités parmi nous qu'ils ne le sont aux Indes. Au reste, les Parias ne sont séparés des autres chrétiens, dans nos églises, que par une simple balustrade; au lieu que parmi les Indiens, ils ne peuvent pas entrer dans un temple.

Beaucoup d'Européens ont cru que c'est par superstition que les Indiens s'abstiennent de manger de la vache: ils ont assuré que les peuples de l'Inde adoroient ces animaux. L'ignorance des langues du pays fait commettre tous les

---

de Toustain sur cette race de cordiers & de lépreux, dans le journal encyclopédique du 1er. mars 1779, pag. 260 & suiv.

jours de ces sortes d'erreurs. Il est vrai que les Indiens rendent au bœuf une maniere de culte relatif à leur dieu *Chivin*, dont il est, disent-ils, la monture. Voilà pourquoi on voit la figure de cet animal à la porte des temples de cette espece de divinité : mais jamais on n'y trouve des figures de vaches. On n'entend point dire aux Indiens, on ne lit dans aucun de leurs livres, rien qui puisse faire soupçonner que la vache soit un objet d'idolatrie. Il est probable que des Européens appercevant la sorte d'égards que les Indiens ont pour les vaches, (& qu'ils n'ont point pour les bœufs,) & voyant ensuite des figures de ces derniers animaux, sur les portes de quelques temples ; il est probable, dis-je, que ces Européens ont confondu les deux especes, & changé le sexe de la monture de *Chivin*. Il y a dans leurs fables quelques vaches célebres par leurs exploits militaires, & par leur fécondité en toute sorte de biens ; mais à l'exception de ces vaches *fabuleuses*, les livres Indiens ne parlent de ces femelles du bœuf, que comme d'un animal qui a la vertu de purifier ; & comme chez ces peuples, quelques-uns conçoivent le crime sous l'idée de souillure même corporelle, & que le lait de vache est un dépuratif selon eux, ils portent très loin le respect pour ces animaux, d'où il peut résulter quelques superstitions mentales, sans qu'on puisse appercevoir la moindre trace d'aucune croyance religieuse.

D'autres voyageurs qui n'avoient aucune connoissance des langues, ont pensé que les Indiens ne tuent point de vaches par superstition. Il ne faut pas avoir cependant une connoissance bien profonde de l'antiquité, pour ne pas ignorer que plusieurs peuples ont défendu par un principe d'une sage administration, de tuer des animaux aussi utiles que les bœufs, & sur-tout les vaches qui les produisent. Ne défend-on pas souvent en Europe de tuer les veaux? Les anciens législateurs Indiens ont eu encore des motifs particuliers à leur pays, d'établir & de maintenir cette police. Non-seulement ce sont les bœufs qui labourent dans l'Inde ; mais encore ces animaux servent à porter les hommes & les fardeaux : il n'y a guere d'autres bêtes de charge. D'ailleurs, les vaches y sont peu fécondes, & sujettes à des maladies qui en enlevent une grande quantité; en sorte que les terres demeureroient incultes, si indépendamment des accidens auxquels ces animaux sont sujets, il étoit encore permis de les tuer. Quant aux bufles, quoiqu'ils soient compris dans la défense, elle n'est pas observée avec la même rigueur.

C'est donc principalement aux loix d'une sage police qu'il faut attribuer, au sujet des vaches, tout ce qu'on ne manque pas d'attribuer à la superstition; mais l'intérêt des Brahmes vient encore à l'appui de ces réglemens séveres. Comme ils font toujours maigre, & qu'ils consom-

Des castes Indiennes.

ment beaucoup de laitage, ils ont fait un cas de conscience du meurtre d'une vache, & ce meurtre est même puni de mort dans certains cantons. Les Brahmes ont, à la vérité, la douleur de voir transgresser cette loi dans les contrées où les maures dominent; ceux-ci tuent les bœufs, les vaches & les bufles, & vendent publiquement la chair de ces animaux à la boucherie, sans éprouver les malheurs dont les Brahmes ont menacé, dans tous les temps, les Indiens qui se rendoient coupables de ces cruautés : ce qui a beaucoup diminué la foi des peuples à la parole des Brahmes : il est pourtant vrai de dire que les sages ordonnances qui interdisent les meurtres dont je viens de parler, ont dégéneré en superstition parmi quelques Indiens, & sur-tout parmi les femmes des castes inférieures, on auroit tort d'en conclure que c'est par un effet de cette même superstition qu'ils s'abstiennent de manger de la vache. Cette opinion ne paroîtra pas douteuse à ceux qui pensent que la vache est une divinité indienne ; mais rien n'est plus contraire à la vérité, & si l'on demande aux Indiens pourquoi ils s'abstiennent de la chair de ces animaux, pourquoi répondent-ils aux Européens, ne mangez-vous point des chats & des rats comme plusieurs d'entre nous : pourquoi leur diront les Chinois, ne mangez-vous pas des chiens, que nous trouvons un mets si délicieux ? Ce qu'il y a de sûr, c'est que les Indiens, accoutumés dès l'enfance à une toute autre nourriture que nous, ne pourroient digérer une substance trop solide pour leurs estomachs. Un Indien de ma connoissance ayant mangé du bœuf, à Paris, sans le savoir, après avoir passé trois jours dans des convulsions horribles, rejetta cette viande au même état qu'il l'avoit avalée. Manger de la vache, c'est parmi eux vivre de charogne, comme les Parias ; & celui qui seroit convaincu de s'être permis cette nourriture, seroit chassé de sa caste avec

Des castes Indiennes. 107

ignominie. J'ai vu même promener sur un âne, & banir de son village, un homme qui avoit mangé du bufle : & ce qui prouve avec évidence que cette interdiction est du régime politique, & non une loi religieuse, c'est que la chair de bufle, de cheval & de chameau, dont les maures font indifféremment usage, n'est pas moins prohibée que celle du bœuf & de la vache. On ne peut pas les accuser de manger de la charogne ; mais leur exemple est si odieux aux Indiens, dont ils sont les oppresseurs, que la seule antipathie pour les maures, suffit pour entretenir dans toute son énergie la loi qui interdit cette sorte de nourriture.

Il s'ensuit de ce que je viens de dire, qu'on accuseroit à tort de superstition les chrétiens Indiens qui ne mangent pas de vache, puisque ce n'est point par superstition que les Gentils même s'en abstiennent. En supposant d'ailleurs que plusieurs attachassent à cette privation quelque scrupule religieux, voudroit-on que pour prouver qu'il en est exempt, un Indien abandonnât sa caste, son pere, sa mere, sa femme, ses enfans, & qu'il subît une flétrissure publique? Qui de nous établi à Constantinople, ne s'abstiendroit pas de manger du porc, s'il étoit sûr d'en être chassé ignominieusement? Il faudroit donc qu'un Indien, le jour de son baptême, allât tuer une vache, pour manifester qu'il ne lui reste plus aucune trace de son prétendu paganisme? On ne l'exige pas; mais on veut très injustement qu'il en mange, par la raison que nous en mangeons & que nous ne les tuons point. C'est vouloir les contraindre à devenir non pas chrétiens, mais Européens. Que diroit-on d'un missionnaire Chinois prêchant la religion chrétienne aux Français, que je suppose idolâtres, s'il exigeoit que le catécumene, pour donner une preuve non équivoque de sa foi, mangeât du chien?

Quelques missionnaires ont prétendu que pour se débarrasser de tant d'entraves, il falloit obliger les chrétiens Indiens à abandonner leurs castes. Les Indiens répondent que le plus sublime effort d'un chrétien, en Europe, est d'abandonner sa maison, sa famille, ses biens, ses dignités, pour aller s'ensevelir dans un cloître; mais que ces sacrifices méritoires, loin d'être d'obligation, étoient infiniment rares. Il seroit donc tyrannique d'exiger qu'un Indien converti rompît tous les liens qui peuvent l'attacher au monde. Son amour pour sa caste entretient dans son cœur celui de la vertu, de la saine morale, & l'horreur du vice; & j'ai remarqué que les chrétiens Indiens qui prennent les habits des Européens & nos coutumes, ne conservent de celles de leurs pays que ce qu'elles ont de repréhensible; & n'adoptent volontiers que ce qu'il y a de plus condamnable dans nos mœurs. Il seroit donc à souhaiter que les hommes chargés des fonctions apostoliques, fussent assez philosophes pour accorder toujours les intérêts de la religion, avec les usages & les préjugés même qui n'ont rien de criminel. Il ne faut pas se dissimuler le profond mépris que les Indiens ont pour les Européens & pour leurs coutumes : il ne faut pas taire qu'ils regardent un de leurs compatriotes qui se fait chrétien, comme un infâme Parias dégradé & *perdu de caste*. Ils rompent tout commerce avec eux : les parens ne le reconnoissent plus, & la plus vile créature refuseroit de l'épouser.

Au reste, l'Indien le plus superstitieux avoue qu'il adore le même Dieu que nous, les créateur des mondes, le maître suprême de l'Univers. Ces prétendues divinités qu'on honore d'un culte différent, dans presque toutes les contrées de l'Inde, ne sont aux yeux de ces peuples que les ministres du Très-haut. Toutes les sectes s'accordent sur ce point, malgré la haine que quelques-unes se portent, & qui ont souvent occasionné d'horribles massacres, sans que le sectaire

Des castes Indiennes.

le plus ardent ait jamais prétendu troubler ni même blâmer le régime des castes les plus opposées entr'elles, quant à certaines opinions. Quelque vigoureuses que soient les haines dont je viens de parler, j'ai vu néanmoins des particuliers, & des princes mêmes, épouser des filles d'une secte la plus ennemie de celle dont ils étoient. Il y a pourtant parmi quelques-unes de ces sectes une différence si grande, qu'elle est presque incroyable: car tandis que les pratiques des Indiens d'une telle secte n'ont rien que d'honnête & d'austere, on voit parmi d'autres les cérémonies les plus abominables : telles sont celles de la secte où le sacrifice du *chati* est en usage. Pour célébrer cette horrible fête, les Brahmes confondus avec des Parias & des cordonniers, se réunissent pour manger ensemble de toutes sortes de mets les plus sales ; ils affectent dans ces repas la plus dégoûtante mal-propreté : tous les convives s'enivrent, & s'abandonnent ensuite à tous les excès de la plus infâme débauche. Ces orgies honteuses ne se passent pas assez secretement, pour que les Indiens du canton n'en soient pas instruits; mais comme ils y attachent une idée religieuse, personne ne se permet de les blâmer en public. Cette circonspection ne s'accorde guere avec les libertés que prennent souvent les *Saniamsis*, ou Pénitens du pays: les plus considérables d'entr'eux ne font aucune difficulté de tourner en dérision ces especes de divinités secondaires honorées par le peuple. Leurs poésies sont pleines de sarcasmes contre ces objets de la vénération des foibles. On voit qu'il y est absurde de bâtir un temple de pierre à un dieu de pierre. On y met en question si la muraille de la maison vaut moins que celui qui l'habite: il n'y a sorte de plaisanteries qu'ils ne mettent en usage pour baffouer ces prétendus favoris du maître de l'univers: & ce qui est bien digne de remarque, c'est que ces satyres

dont

Des castes Indiennes.

dont quelques-unes sont très piquantes, finissent presque toujours par rendre hommage à l'Être suprême, seul Dieu de toutes les nations & des mondes innombrables épars dans l'immensité.

Nota. C'est d'après les mémoires d'un savant observateur, qui a vécu trente ans dans l'intérieur de l'Inde, que nous donnons cet article sur les castes Indiennes.

DE LA
HOLLANDE.

AVIS DE L'ÉDITEUR.

Ces observations sur la Hollande & sur l'Angleterre ont été écrites en 1774; elles n'ont point paru, parce qu'elles font partie d'un ouvrage très considérable qui n'est pas encore achevé.

Les circonstances présentes ont déterminé l'Auteur à détacher & à publier ces deux articles.

DE LA HOLLANDE.

La Hollande, presque par-tout plus basse que la mer, est le chef-d'œuvre de l'art: mais en excitant l'admiration du voyageur, qui descend pour la premiere fois sur cette contrée flotante, elle n'inspire aucun desir de l'habiter; & vous êtes bien loin d'éprouver cet attrait délicieux, ce charme irrésistible que la vue de l'Italie & de nos belles provinces porte jusque dans votre cœur. Ces merveilles ne parlent qu'aux yeux étonnés, de voir des hommes lutter éternellement contre la mort & les fureurs de l'onde, pour tâcher d'occuper un espace qu'il seroit incroyable qu'ils eussent choisi, si la Hollande n'avoit, pour ainsi dire, été créée, à mesure que ses habitans multipliés eurent besoin d'arracher à la mer quelques arpens de sables arides.

A proprement parler, il n'y a point de campagne en Hollande; en général il n'y a que des marais: la plupart sont déguisés en prairies. L'œil satisfait de la plus riante verdure, se promene avec plaisir dans des plaines immenses, couvertes de troupeaux de vaches les plus belles du monde; mais le fond est toujours mobile & tremblant: aussi ne voyez-vous jamais de ces prés émaillés d'un million de fleurs; aussi pouvez-vous parcourir toute la Hollande, sans voir un paysan ou une paysanne couché sur le gazon. Tout est pour l'œil.

Les villes y sont les unes sur les autres, & l'intervalle est rempli par une prodigieuse quantité de jardins rassemblés, dans lesquels chacun a bâti une maison de pierre ou de bois. Ces jardins seroient jolis s'ils n'étoient pas dans la boue. Les maisons qui les décorent sont des vuidebouteilles assez agréables; & c'est ce qu'on appelle maison de campagne en Hollande. J'en excepte la province de Gueldre, qui n'est pas dans l'eau : mais dans cette province & dans toutes les autres, il n'y a pas une seule maison de laquelle on puisse dire en s'arrêtant : *voilà un bel édifice! voilà des dehors superbes!* A la vérité, on ne trouve nulle part rassemblés un aussi grand nombre de bâtimens agréables & bien entretenus ; mais qu'on n'imagine pas non plus y voir s'élever dans les nues de ces vastes & somptueux palais, que le luxe a si fort multipliés autour de Paris : le marbre est prodigué dans ces jardins fangeux. Cette magnificence vous frappe, vous étonne de loin : approchez, tout n'est qu'illusion; ce ne sont plus que les ébauches informes de quelques éleves, que les Hollandais font acheter en Italie dans les atteliers des sculpteurs, & que les patrons de leurs vaisseaux rapportent en lest: il leur suffit du nombre; & vous chercheriez vainement une belle statue dans les sept Provinces.

Les jardins de la Hollande sont couverts de fleurs de toute espece, très ingénieusement comparties, & dont l'assemblage & la variété font le plus brillant des spectacles; mais vous passez devant cinquante parterres, sans être embaumé par les parfums qu'exhalent au midi les fleurs, les haies & les arbustes, qui sont presque inodores en Hollande.

Ne croyez pas pouvoir errer dans ces prétendues campagnes; ici vous égarer dans un sentier bordé de buissons odoriférants; là vous asseoir sur le roc d'une cascade; tantôt traverser un champ, parcourir une vigne; tantôt vous enfoncer dans un bois, gravir un côteau en pente douce, dont l'amphithéâtre étale toutes les beautés du printems ou toutes les richesses de l'automne. Contraint de promener en ligne droite, vous marchez sans cesse sur une digue bordée par deux marais en verdure, ou d'un côté par un

De la Hollande.

canal dormant & infect, & de l'autre par ces maisons de campagne, rangées comme des célules dans la longueur d'un cloître, & fermées de fossés bourbeux (1). Les yeux se repaissent néanmoins de cet étalage de l'art & de la fortune, jusqu'à ce qu'avides de trouver une colline, ils se perdent fatigués dans un océan de plaines ; mais ce qui est d'un prix inestimable dans ces asyles rustiques, c'est

---

(1) Le Hollandais, à la vérité, n'est point promeneur. Un homme qui est à la campagne, passe très bien tout le temps qu'il n'est pas à table, sans exception, dans un petit pavillon de bois, joliment peint & vitré, sur un de ces fossés d'eau verdâtre & puante, se maintenant plongé dans les délices champêtres : il y est assis, la pipe à la bouche six heures de suite, auprès de sa femme qui ne dit mot & qui ne fait rien. A tout cela il ne faut point venir m'opposer la structure, le train de vie & le mouvement d'une douzaine de maisons tout au plus. Ce n'est point là la Hollande, & quelques exceptions ne constituent pas le pays.

que tout y respire l'aisance, la paix, le bonheur & la liberté.

L'art a tout fait, & la nature rien. Ce qu'il y a de plus doux dans les plaisirs des champs, ils ne peuvent ni le goûter ni le connoître. Ces tableaux variés & superbes que présentent les bords d'un fleuve transparent & limpide, le spectacle d'un beau matin, l'aspect de ces belles soirées des vallons enchantés de la nive (1), sont des trésors que la nature a réservés pour des climats tempérés, & dont on ne peut pas même se faire d'image dans les campagnes de la Hollande. Après un jour brûlant, dont la chaleur a pompé les exhalaisons empestées de ces vases que les canaux détrempent, au lieu des délices de cette fraîcheur embaumée de tous les parfums de nos champs, vous sentez le froid vous pénétrer; il vous saisit dès que l'absence du soleil vous livre à l'humidité de la terre.

---

(1) Les vallées basques.

De la Hollande.

Les haies, les arbres ne sont point peuplés ; vous n'entendez ni les oiseaux chanter, ni le murmure des ruisseaux : rarement trouvez-vous des eaux courantes ; jamais vous n'en voyez jaillir, & vous n'en rencontrez jamais de pures (1).

Quelques Hollandais font en jardins fruitiers & potagers, & en serres, des dépenses excessives (2). Tous les fruits

---

(1) On boit de l'eau de pluie dans presque toute la Hollande, à moins qu'on n'aime mieux acheter seize sols de France la bouteille de l'eau qui vient de Bristol. Ainsi se désaltérer au bord d'un clair ruisseau, est une phrase oiseuse dans la langue Hollandaise. On peut avoir pour le prix de cette bouteille d'eau, dans plusieurs provinces de France, quinze ou vingt bouteilles de vin.

(2) Ces amateurs sont peut être au nombre d'une douzaine. Le plus magnifique d'entr'eux sacrifie jusqu'à cinquante mille francs, à l'entretien de ces jardins ; mais en général ces Messieurs n'ont ni table ni maison. Quand je dis cinquante mille francs, on peut être assuré que

des quatre parties du monde croissent chez eux, & quelquefois avec profusion. Aucuns jardiniers n'entendent cette partie comme ceux de la Hollande. L'ingratitude de leur ciel les a rendus, à tous égards, les premiers jardiniers de l'Europe. Qu'est-ce toutefois que ce peu de richesses factices auprès de la nature de nos provinces méridionales, auprès de ces beautés (1) du local & du climat,

---

je cave au plus fort. En Hollande, lorsqu'on parle aux voyageurs des dépenses & des fortunes de quelques particuliers, ces voyageurs doivent se méfier beaucoup de l'exactitude des sommes. Comme il importe à tout le monde de paroître riche, & que cette opinion est la premiere de toutes dans la république, on double, on triple assez ordinairement le numéraire réel, dans toutes les relations verbales ou écrites.

(1) Je n'ai point voulu parler des chefs-d'œuvres de l'art que Paris & la France offrent avec tant de profusion. Je dirai néanmoins que quoiqu'il y en ait un grand nombre d'assez généralement connus, si l'on donnoit une

prodiguées avec tant d'abondance, & répandues comme il plaît à Dieu, qui en sait plus que M. *le Nôtre*, disoit l'ingénieux Pavillon ?

Toutes les villes, & presque toutes les maisons de la Hollande sont jolies ; mais on ose presque dire qu'il n'y a pas en Hollande une belle ville (1) ni

---

description exactement détaillée, de tout ce que la ville & la campagne y déploient de beautés & de luxe, on n'y ajouteroit certainement aucune foi.

(1) Quoique la Haie n'ait pas rang de ville, c'est peut être la plus riante de la Hollande : on l'appelle la Maison de plaisance du Corps diplomatique. La beauté des allées qui décorent l'intérieur, la gaité du local, une sorte d'élégance dans les bâtimens ; la distribution des quartiers, en rendent l'aspect très agréable ; mais il ne faut y chercher ni architecture, ni belles places, ni sculptures, ni palais. Celui du prince Stathouder est une vieille maison à peine logeable.

une belle maison. Tout y manifeste la richesse, l'ordre & la propreté; rien n'y porte un caractere de majesté, de grandeur, de magnificence. L'œil toujours flatté, n'est jamais surpris par cet amas de monumens consacrés à l'admiration de l'histoire, & qui doivent sur-tout distinguer une capitale. Les deux grands canaux d'Amsterdam, tout infects, tout stagnants qu'ils sont, seroient de très beaux morceaux, s'il y avoit de l'architecture dans les bâtimens qui les bordent (1). L'hôtel-de-ville, seul monument de toute la Hollande (2), mériteroit encore davantage l'attention du voyageur, s'il avoit une porte, si l'ordre d'en haut

---

(1) La rareté du terrain ne permet pas de leur donner un air d'hôtel, encore moins de bâtir des édifices immenses.

(2) Tous les autres édifices publics, l'hôtel de la compagnie, l'amirauté, les hôpitaux ne sont que des mazures.

n'étoit pas d'une énormité de masse, contre toutes les regles de la vraisemblance, & si ce bel édifice étoit sur une grande place. Cependant ces canaux dormant entre des quais couverts de beaux arbres, les maisons élevées des deux côtés, dont le vitrage brillant (1) réfléchit la verdure des feuilles, cette navigation continuelle dans le sein d'une grande ville, le charroi immense des marchandises, tant de magasins ouverts, une foule de peuple toujours en agitation, & parlant toutes les langues du monde; tous ces objets, qu'on ne voit rassemblés qu'en Hollande, ne laissent pas de faire d'Amsterdam, & de quelques autres villes, un des spectacles les plus curieux

---

(1) Le vitrage occupe toujours les deux tiers & demi de la façade dans le pays le plus humide & le plus froid, & où l'on connoît le moins l'art de construire une croisée qui ferme. Les maisons de la Hollande n'ont qu'un étage & des greniers en magasins.

de l'univers (1) : mais on dénature, on exagere beaucoup les choses, sur-tout dans les livres Hollandais; & je tâche de dire la vérité sans prévention, & de la présenter dans tous les sens.

Quant au port d'Amsterdam, son immensité l'empêche d'offrir une perspective : c'est une forêt de vaisseaux, suivie d'autres forêts encore. Le tableau du port de Bordeaux n'est pas si étendu, mais il est déterminé; & l'œil ne peut rien voir de plus brillant, de plus pompeux & de plus agréable.

Vous entendrez aussi raconter des merveilles des villages de la Hollande. On y appelle village tout ce qui n'a pas rang de ville dans la corporation de la république; mais il ne faut pas se laisser abuser par le nom. Plusieurs de ces villages sont aussi considérables que

---

(1) L'entretien des ponts, des canaux & des digues d'Amsterdam, & de la banlieue, coûte près de trente mille francs par jour.

quelques-unes

quelques-unes de nos villes du troisieme ordre; & les prétendus paysans (1) qui les habitent sont de riches particuliers, qui font de grosses affaires, & qui, en affectant cette qualification, ne connoissent d'autre différence entr'eux & les marchands de la capitale, sinon que ceux-ci n'ont point conservé l'habillement de leurs ancêtres. Il y a presque toujours fort loin de tout ce qui prête à faire des phrases à la vérité.

Je me suis permis quelques détails dans cette courte description de la Hollande, parce qu'il m'a paru que nous n'en avons aucune d'exacte, & que personne n'a vu la Hollande comme il me

---

(1) Il y a à la campagne une classe d'hommes qui vivent uniquement du produit de leur lait & de leurs légumes, seuls objets possibles d'agronomie en Hollande. Voilà les véritables paysans, & ceux-là ressemblent parfaitement à ceux de nos bonnes provinces.

I

semble qu'il faut la voir. J'ai du naturellement saisir l'occasion d'opposer à tant de beautés célébrées, avec l'exagération de l'entousiasme, par des voyageurs qui en ont été éblouis en passant, les beautés plus réelles que la France déploie de toutes parts. On ne croira pas sans doute que j'aie eu le dessein de réfuter les libelles & les romans pompeux des relateurs Hollandais, qui ont fait là-dessus des contes de fées avec quelque succès, parce que les décorations de la scene favorisoient le prestige, & qui n'ont jamais pu se résoudre à nous rendre justice sur aucun sujet. Il semble que la haine, la colere & l'envie aient ôté l'entendement à leurs écrivains les plus dignes de l'estime publique, lorsqu'il s'est agi de nous & de la France. Toutes les réponses seroient donc vaines avec des gens qui ne veulent ni voir ni entendre, & dont l'acharnement ne paroît pas même dans l'ordre des foiblesses d'un être raisonnable. Ils ne se donneroient pas tant de peines, si nos avantages n'étoient que des chimeres.

Eh pourquoi ne les ferions nous point valoir lorsque tous les écrivains de l'Europe nous déchirent avec une sorte de fureur ? Pourquoi ne les présenterions-nous pas sans cesse aux Français à qui la crainte de se nourrir d'un préjugé nationnal fait perdre souvent la bonne opinion qu'ils doivent avoir de leur patrie ? Ils auront beau parcourir le globe, ils ne trouveront pas, comme chez eux, l'utile réuni à l'agréable ; & parmi quelques inconvéniens, cette profusion des douceurs de la vie, dont on ne connoît le prix que comme celui de la santé, lorsqu'on les a perdues.

On connoît la population de la Hollande ; on connoît ses richesses. Ce qui les multiplie, pour ainsi dire, c'est qu'elles sont bien dispensées. Vous pourriez compter à Amsterdam, par exemple, sans choisir le local, cent particuliers les uns auprès des autres, qui ont des fortunes honnêtes (1); mais vous n'y verrez pas comme à Paris de ces fortunes énormes, à côté desquelles je conviens que l'humanité voit souvent avec douleur marcher la plus affreuse indigence.

Je suis toujours étonné que les relateurs & les politiques raisonnent sur le commerce de la Hollande, d'après ce qu'il étoit il y a cent ans. C'est s'abuser étrangement que de le croire au même point de splendeur. Les affaires y sont considérablement diminuées, tandis qu'à Hambourg, elles semblent s'augmenter en proportion de ce qu'elles perdent en Hollande. On peut avancer que le plus

---

(1) Il n'y a peut-être pas, dans les sept Provinces, un seul particulier qui pût réaliser dix millions de livres. S'il y en a, ils ne sont pas au nombre de quatre; & les classes d'après descendent tout d'un coup de plus des trois quarts : mais les fortunes depuis cinquante jusqu'à trois cent mille florins sont innombrables.

grand nombre des négociants de cette république ne fait plus guere que conserver ses anciens capitaux : il y a peu de gains considérables & périodiquement renouvellés avec certitude comme autrefois. Deux motifs ont principalement concouru à cette décadence. Le premier est la chûte du cabotage ; cet objet est bien plus essentiel qu'il ne le paroît au premier coup-d'œil, vu la grande économie des Hollondais sur les frais du fret : chaque nation s'est ravisée, & fait aujourd'hui elle-même la meilleure partie de ses transports. Le second motif est encore plus important. Les maisons de toute nation s'étant multipliées en Hollande, & les Juifs pouvant y faire leurs manœuvres avec la plus grande liberté ; il s'est introduit dans la commission un brigandage qui révolte, depuis bien des années, toute l'Europe. La bonne foi Batave n'existe plus que chez quelques anciens & véritables *Hollandais* ; & les races se sont tellement croisées, qu'il n'y a presque plus de Hollandais en Hollande. J'ai vu des comptes de frais pour des envois de la même quantité de marchandises de même espece, expédiées à divers commissionnaires, qui différoient de cent pour cent. On ne se donne même plus la peine d'être fin. Un négociant Espagnol enverra, par exemple, en Hollande une partie d'indigos pour son compte; le commissionnaire profite du moment où cette drogue a pris faveur pour vendre, & il n'accuse d'avoir vendu qu'à l'époque d'une forte baisse. Le commettant qui a donné des ordres limités se fâche; on bataille, on fait de longues lettres: la victime finir par avoir tort; & le commissionnaire infidele s'attribue le produit de la différence des deux époques. L'article des vins, qui sembleroit devoir être lucratif dans un pays qui n'en produit pas, & où il s'en consomme beaucoup, est encore un mystere d'iniquité. Les mesures sont si bien prises à cet égard, en Hollande, qu'il est impossible à un propriétaire Français d'y envoyer du vin *de son crû*, à vendre pour son compte, sans y perdre, à moins qu'il n'en charge un frere, un proche parent, un ami intime. Le but de ces tyrans est de forcer les négociants Espagnols, Français, Italiens à leur vendre des marchandises pour le prix desquelles ils feroient d'autant plus la loi, que le propriétaire frémit au seul mot de commission. On conçoit aisément que ces vexations retrécissent le commerce : la méfiance le détruit. Chacun est sur ses gardes ; & tout le monde travaille à se procurer d'autres débouchés. Il ne faut pas croire que j'avance de pareilles assertions, sans des preuves bien lucides. Il ne tiendroit qu'à moi de nommer plusieurs maisons ; & je sais où prendre un grand nombre de pieces justificatives.

Quelles qu'en soient les causes, cette décadence n'a rien que de naturel. Les sources & les canaux des richesses se détournent tôt ou tard, lorsqu'on ne possede pas les objets de premiere nécessité. Nous avons vu l'industrie faire à quelques égards le tour de l'Europe, & manifester ainsi l'instabilité de toute autre richesse que celle du sol.

Si les Vénitiens, avant l'établissement des compagnies des Indes, avoient dû la force de leur commerce aux productions de leurs pays, au trafic des denrées de nécessité absolue, le commerce fleuriroit encore à Venise, & rien n'auroit pu le détourner; mais ils n'étoient, pour ainsi dire, que les entreposeurs des marchandises qui venoient des Indes à Alexandrie : & les débouchés n'étant plus les mêmes, le commerce des autres nations maritimes s'est accru des pertes de celui de Venise.

Que diroient les Phéniciens, qui trafiquoient en Espagne il y a plus de vingt-cinq siecles, s'ils pouvoient jouir un moment du spectacle de l'Europe commerçante? Ils ont vu les mines d'or & d'argent ouvertes d'un bout de l'Es-

De la Hollande. 137

pagne à l'autre. Après avoir chargé leurs vaisseaux de ce précieux métal, ils en faisoient encore fabriquer leurs ancres & leurs ustensiles. Les mines de Galice surtout étoient si prodigieusement riches, que Justin prétend (il exagere sans doute) que la charrue, en traçant des sillons, découvroit des morceaux de métal. Pline, Strabon, Diodore, parlent avec admiration des mines de ce royaume. On ne lit pas sans étonnement, dans l'histoire, les sommes immenses que des prêteurs & des officiers publics rapportoient d'Espagne, dans le trésor de Rome, après leur administration, sans compter ce qu'ils détournoient à leur profit, suivant l'usage immémorial.

Peignez-vous donc la surprise de ces Phéniciens, lorsqu'on leur diroit : ce même peuple chez lequel vous chargiez des masses énormes d'or & d'argent, ne connoît plus de mines sur son territoire ; mais heureusement pour lui, il y a environ trois siecles que des avanturiers découvrirent, à près de trois mille lieues des colonnes d'Hercule, une terre inconnue, où ils égorgerent douze millions d'habitans, où ils firent rôtir un empereur sur des charbons, & dévorer par des dogues les naturels du pays. Moyennant ces précautions, les aventuriers rapporterent en Espagne une grande quantité de cette matiere dont vous l'avez vu couverte, & qu'on y troquoit avec vous contre des objets de la plus mince valeur, mais beaucoup plus nécessaires : ces marchands Phéniciens seroient aussi épouvantés que surpris de ces révolutions non moins instructives que remarquables.

Voilà donc la premiere de toutes les branches de convention, celle par laquelle toutes les autres se meuvent, détournée de l'Espagne par un de ces événemens qui ne paroissoit pas dans l'ordre des possibilités. Supposons à présent que les sources de ces richesses y soient non-seulement dévoyées, mais même taries, il reste à l'Espagne des trésors bien plus précieux : n'a-t-elle pas du fer, du bled, de la soie, du vin, du chanvre, de la laine, du lin, de l'huile, & tout ce qui peut rendre un pays florissant sous le plus fortuné climat? Le sol n'a-t-il pas la même opulence, que lorsque trente millions d'habitans y vivoient de ses productions? il n'attend que des mains laborieuses pour répandre abondamment de véritables richesses, des richesses qui ne sont point sujettes aux vicissitudes de l'opinion & de la fortune, & dont toutes les révolutions du monde ne sauroient détourner les sources, lorsque le gouvernement veut les entretenir.

A quoi tient-il de nos jours que le négoce de la compagnie Hollandaise, fondement capital des richessses de la Hollande, n'essuie le plus terrible échec? Si l'on vouloit enfin se raviser, elle ne jouiroit pas trois ans du commerce exclusif des épiceries. Je ne m'arrêterai point à faire mention de la découverte d'un arbre dont l'écorce a le goût, l'odeur, les propriétés de la canelle de Ceylan, sans en avoir la qualité combustible. Les Anglais & les Français peuvent, sans doute, transplanter cet arbre avec un tel succès, que dans l'espace de dix ans la canelle de la compagnie Hollandaise auroit perdu la moitié de sa valeur; mais on peut porter à cette compagnie des coups bien plus sensibles : les Moluques sont trop étendues pour que les Hollandais puissent y détruire par-tout les épiceries dont ils ne s'emparent pas. Il y a apparence que les isles voisines qu'on connoît, & celles qu'on ne connoît point, ont les mêmes productions que les Moluques, sur la plupart desquelles, après tout, les Hollandais n'ont pas plus de droits, si quelqu'un peut en avoir, que les Anglais & les Français. Il y a preuve que ceux là ont transplanté dans leurs possessions, presque tous les arbres épiciers, qu'ils ont trouvé le moyen de se procurer après trois ans de soins. Si nous n'en avons pas fait autant, rien ne s'oppose à ce que nous le fassions tout à l'heure. Le sol ne nous manquera pas dès qu'on voudra efficacement entreprendre. Que les Hollandais continuent d'acheter des chefs Indiens, ou d'acquérir par la violence, le droit de détruire les plantes, qu'ils brûlent les terres, qu'ils vexent leurs voisins, qu'ils les réduisent dans un état d'esclavage, qu'ils emprisonnent leurs princes, qu'ils leur peignent les autres peuples de l'Europe comme des bourreaux tout prêts à les faire expirer dans les tourmens (1), qu'ils multiplient les dangers par des fausses cartes, que leurs résidens soient chargés des ordres les plus séveres contre les vaisseaux étrangers qui ne sont pas assez forts pour se faire respecter. Malgré tant d'injustices pénibles, beaucoup d'isles sont encore ouvertes à celui qui voudra les occuper; plusieurs Insulaires sont prêts à se donner au premier

---

(1) Il falloit cette nuance pour faire croire à ces malheureux qu'ils sont protégés.

venu : & quelques peuples intrépides connoissent l'usage des armes à feu, & font aux Hollandais une guerre perpétuelle. Qui peut donc nous empêcher de faire des établissemens, & chez ces nations indépendantes, & dans les isles voisines des Moluques ? On sait d'ailleurs que les habitans de la côte de Button vont chercher des épiceries chez les Céramois, ennemis mortels des Hollandais, & aux environs de Banda. Où est l'obstacle d'ouvrir un commerce avec ces peuples ? Il est aussi de fait que le poivrier est abondant, non-seulement dans la Nouvelle Bretagne, mais sur beaucoup d'autres terres; & il est encore plus certain qu'au moment où une grande puissance entreprendra de détruire très légitimement cette étonnante exclusion, elle verra les moyens se multiplier autour de ses vaisseaux. Personne ne sent mieux que les Hollandais que ce commerce exclusif est sur son déclin. La régence de Batavia a condamné plusieurs fois, à des punitions corporelles, des citoyens convaincus ou même soupçonnés d'avoir montré le plan des Moluques à des officiers Anglais. Il faudroit compter étrangement sur l'ignorance & sur l'oisiveté des puissances maritimes, pour se reposer sur des précautions aussi cruelles qu'insuffisantes; & maintenant que ce commerce est, si j'ose le dire, le secret de la comédie, il n'y auroit que le plus incroyable aveuglement qui pût laisser les peuples navigateurs dans une indifférence si préjudiciable.

D'après ce que nous venons d'exposer, il est facile de se convaincre que le commerce des Hollandais est à la veille d'éprouver la plus grande révolution; elle étonnera tout le monde, & tout le monde devroit s'étonner que l'illusion ait pu se soutenir pendant près de deux siecles. Que seroit-ce donc si l'on faisoit de la découverte de l'isle de Taïti l'usage qu'on pourroit en faire, & que par un établissement sur cette côte, & par celui que nous avons à l'isle de France, on voulût mettre, à bien des égards, les Hollandais entre deux trappes ? Que seroit-ce encore si l'on découvroit enfin le passage du nord (1) ? Car après cette

---

(1) Les Russes ne cessent de déclarer que ce passage n'existe point, comme si le témoignage des marins Russes pouvoit être de quelque poids, quand il ne seroit pas supposé; comme s'il suffisoit de faire dire par les papiers publics, nous avons entrepris inutilement ce fameux voyage, nous qui joignons depuis quinze jours, à une supériorité universelle, l'avantage d'être les premiers & les plus infatigables marins de l'univers. Où sont les journaux de ces grands voyages ? où sont les observations ? par qui ont-elles été faites ? comment s'appellent les célèbres navigateurs Russes ? quels voyages ont-ils pu entreprendre ? où vont-ils ? d'où viennent-ils ? depuis quelle époque se sont-ils fait connoître ? Les Russes déclarent en même temps qu'eux seuls peuvent assez résister au froid, au travail & à la fatigue, pour mettre à fin cette grande aventure. Ils ont oublié que nos matelots Basques, nés au milieu des jardins d'Eden sous le

découverte,

découverte, les Japonnois pourroient d'autant moins refuser le commerce aux puissances maritimes (1), qu'elles par-

---

quarante-unieme dégré, n'ont d'autre occupation que d'aller pêcher des baleines par le soixante-dix-huitieme, tandis que des millions de Russes nés dans le tombeau de la nature, ensevelis sous la glace six mois de l'année, & pour lesquels il semble que le ciel n'ait plus réservé de rigueurs, passent la plus grande partie de l'hiver dans leur lit. Je voudrois bien savoir quel est le genre de fatigues, de travaux, de miseres, que les matelots Français & Anglais ne supportent point avec constance?

(1) Ils n'ont pas précisément refusé le commerce; mais ils ont exigé que les étrangers qui voudroient trafiquer au Japon, auroient à renier le christianisme, fouleroient le crucifix aux pieds, se soumettroient à toutes sortes d'avanies, & seroient livrés à la risée de la plus vile populace, après avoir servi de bouffons à toute la cour. Jusqu'à présent les Hollandois seuls ont eu le courage d'accepter le marché. Quelques historiens nationaux ont pris le parti de nier tous ces faits; ils avoient oublié sans doute que le

K

tageroient alors malgré eux celui de plusieurs nations avec lesquelles ils trafiquent, & dont nous ne savons pas même le nom.

On lit dans une lettre de M. de Melon sur l'apologie du luxe, rapportée dans les œuvres de M. de Voltaire : « Quand les Hollandais ont commencé » leur commerce, ils avoient besoin » d'une extrême frugalité; mais à présent » que c'est la nation de l'Europe qui a » le plus d'argent, elle a besoin de » luxe ». Et c'est un homme diplomatique

---

témoignage de Varenius, à cet égard, est sans replique. Voici les paroles de cet écrivain; elles sont extraites d'un ouvrage intitulé : *Descriptio regni Japoniæ*, imprimé à Amsterdam, chez Louis Elzevir, l'année 1649, avec privilége des États-Généraux, « *Dissimulandam enim eis » (Belgis) religionem & pro Ethnicis quoque » haberi à magistratu Japonensi*; & ces magistrats ne se payoient pas de vaines assurances : il falloit les convaincre par des profanations.

qui adopte un pareil système, sans prendre garde qu'une nation qui doit exclusivement toutes ses richesses à l'industrie, ne peut les conserver que par l'économie qui les lui a fait acquérir! Quand le commerce se détourne de chez elle, comme il s'est détourné de Venise, de Bruges & de tant d'autres villes, le luxe précipite nécessairement la chûte de cette nation. Si les moyens de gagner décroissent, & que les dépenses ne diminuent pas, la conséquence est aussi claire que naturelle. Le luxe ne peut être supporté que par un état riche de son propre fonds : il devient même alors une source intarrissable d'industrie; & ce luxe administré, pour ainsi dire, par des mains sages, tourne nécessairement au profit de l'état. Il faudroit donc que les Hollandais se rapprochassent de la vie simple & frugale, qui a tant contribué à les enrichir; & il me paroît que si le luxe les emporte une fois hors du cercle d'économie, qu'ils sembloient s'être prescrits, cette dangereuse révolution pourroit bien entraîner la décadence de la république.

Tous les bons citoyens gémissent des progrès étonnans que le luxe a fait en Hollande. Ils se rappellent qu'il n'y a pas encore deux siecles que *Louise de Coligni* arrivant à Rotterdam, pour aller épouser à Delft *Guillaume le Taciturne*, le héros de la liberté, le chef de la république ; cette illustre fiancée fut mise sur un banc de bois, dans un charriot découvert, mené par un paysan. En remontant depuis cette époque jusqu'au temps où nous sommes, on verra de sages républicains résister long-temps, avec la plus grande constance, aux atteintes du luxe ; & l'on sera surpris que ses progressions n'ayant pas été graduées, il soit parvenu à l'excès où il est maintenant. Son irruption a été presque subite, & la premiere crise du mal est devenue, tout-à-coup, une épidémie générale.

Mylord Bolinbroke pensoit tout autrement que M. de Melon. Voici les paroles

De la Hollande.

de cet homme d'état ; elles portent principalement sur l'emploi des richesses dues à l'industrie : *plus le luxe est nourri, plus sa profusion augmente ; l'indigence est la suite de la profusion ; la vénalité celle de l'indigence, & l'esclavage celle de la vénalité.* Il en coûte de le dire, par respect pour la liberté : ces belles maximes sont peut-être prophétiques pour la Hollande.

Les Hollandais sont trop éclairés sur leurs intérêts, pour ne pas appercevoir les suites dangereuses d'une corruption que la décadence du commerce rend encore plus effrayante. Ils essayent tous les moyens de faire succéder de nouvelles branches à celles qu'on a épuisées ou coupées. Parmi les manœuvres qu'ils mettent en usage pour ouvrir de nouveaux débouchés, celle de nous arracher directement ou indirectement le commerce des draps dans les échelles du levant, a paru & paroît encore rassembler tous leurs soins. Si le succès avoit répondu à leur activité, ils auroient été bien plus loin qu'on ne le croit; & il faut avouer que s'ils n'ont pas réussi, ce n'a pas été notre faute. Nous nous arrêterons un moment sur cet objet de la plus grande importance pour nous.

On sait que les manufactures du Languedoc sont exclusivement occupées à fabriquer des draps pour la consommation des Échelles. Ce travail fait peut être les deux tiers de l'industrie de cette grande province. Les draps à l'usage des Turcs doivent, selon les réglemens, être fabriqués de laines d'Espagne, & teints de *grand teint*. Il y a des inspecteurs gagés pour veiller à ce que la qualité & la teinture soient conformes aux sages ordonnances rendues à cet égard; & ces inspecteurs marquent les draps après les avoir examinés. La cour fixoit autrefois le nombre des fabricants; elle les nommoit, & prescrivoit dans un tableau la quantité de draps que chacun d'eux avoit le droit de fabriquer. Qu'est-il arrivé? On a tant écrit ; on a fait des dissertations si touchantes sur le système de la liberté, que ce système a prévalu ; & quoique la plupart des écrivains qui ont traité cette matiere s'en soient tenus strictement au mot, sans vouloir jamais approfondir ce qu'on doit entendre par liberté, autant dans le régime de l'industrie que dans la circulation des denrées ; ce grand nom de *liberté* a été prononcé si souvent & si haut, qu'il a fallu donner à l'industrie un essor général ; & cet essor absolu en a nécessairement relâché le nerf en faisant naître les moyens, & quelquefois le besoin, de dégrader les qualités. Les fabricants de draps ont donc été mis en *liberté* comme les autres. Tous les Languedociens ont voulu faire des draps pour le Levant, & les fabriques se sont multipliées comme le grain. Les deux premiers inconvéniens qui devoient en résulter, ont suivi de près cette excessive propagation. Le prix des laines d'Espagne a augmenté dans l'espace de vingt ans, peut être de trente pour cent, & le prix des draps n'augmentant pas en proportion de celui des matieres, vu l'énorme quantité qu'on en fabriquoit, le Languedocien a voulu chercher une compensation en corrompant la qualité: il a employé des laines inférieures, comme celles du Roussillon, & de quelques autres pays, & il a fait de mauvais draps.

Quelques autres raisons majeures & invincibles, mais dont le principe est toujours dans le système de la liberté, ont encore contribué à détériorer les fabriques. Tant de particuliers attirés par l'appât des anciens profits, ont entrepris de fabriquer, que le plus grand nombre manquoit de fonds. Que faisoit-on & que fait-on encore pour surmonter cet obstacle? Marseille est l'entrepôt de tous les draps destinés à la consommation du Levant. Un nouveau venu qui veut fabriquer de ces draps, & qui n'a pas de quoi faire les avances indispensables,

De la Hollande. 153

s'adresse à un négociant de cette ville : il convient avec lui ou de fabriquer en société, ou de lui faire gagner la commission de vente, en lui adressant tous les draps qu'il pourra manufacturer. Moyennant l'un ou l'autre de ces avantages, le fabricant a celui de pouvoir acheter des laines en Espagne avec des lettres de change payables à douze, quinze & dix-huit mois, & acceptées par le commissionnaire de Marseille, qui doit avoir les mains garnies avant les termes : celui-ci fournit encore le comptant pour la main-d'œuvre, parce qu'il aura vraisemblablement vendu les draps provenant de ces laines, avant l'échéance du papier qui doit en payer le montant. Pour remplir l'un & l'autre leurs engagemens, il s'agit de fabriquer vite & à bon marché. On mêle donc aux laines d'Espagne, devenues trop cheres, des laines moins coûteuses : on emploie de ces premieres le moins qu'on peut ; & le drap fabriqué à plus petits frais, peut aussi supporter une diminution de prix : ce qui ne manque pas de faciliter les ventes au commencement ; mais les qualités s'affoiblissent, & ces abus servent les entreprises de nos rivaux.

Le fabricant aisé, l'ancien fabricant ne peut point vendre de draps manufacturés comme autrefois. Le bas prix des draps sophistiques établit un taux nuisible aux bons, parce que la plupart des hommes se laissent tromper d'abord par la modicité du prix. Il s'est donc vu forcé aux mêmes monopoles ; & il y a d'autant plus trouvé son compte, qu'ayant des fonds & le temps d'attendre, il accumule ses draps dans le Levant, sans passer par les mains des Marseillois, chez des facteurs établis par lui-même aux Échelles ; & ces facteurs profitent à loisir d'une bonace, pour vendre à l'avantage de leurs commettans.

Quelques manufactures royales qui ont voulu soutenir leur nom, en n'alté-

De la Hollande. 155

rant point les qualités, ont fait des pertes immenses.

Enfin pour dissiper, pour écraser cette foule de petits intrus que la liberté a si fort multipliés, & qui sont obligés, si je puis m'exprimer ainsi, *de faire de la terre le fossé*; les fabricants riches ont inondé le Levant de leurs draps. On conçoit que pour ne pas se ruiner dans cette manœuvre, en fabriquant au-dessus des prix courants, ils ont fait d'aussi mauvaise marchandise que les autres; & ceux-ci ne pouvant pas vendre assez vîte pour satisfaire à leurs engagemens, vu l'énorme quantité de draps fabriqués, ils n'ont pu tenir faute de fonds; & les faillites se sont accumulées, sans décourager toutefois de nouveaux compétiteurs, qui ne seront pas plus heureux, & qui travailleront aussi à leur détriment, en concourant de plus en plus à la ruine de ce commerce, que l'esprit de système a plongé dans le plus affreux chaos.

On aura lieu de s'étonner que les

Anglais & les Hollandais n'aient pas encore profité de la révolution, pour nous enlever cette branche, pour nous chasser, si j'ose le dire, des Échelles. Une seule circonstance nous a sauvés. Les draps à l'usage du Levant ne sont guere teints qu'en couleurs hautes : les Turcs en général ne veulent que des rouges, des bleues clairs, des citrons, des roses, &c. Or, personne n'entend la magie de ces couleurs comme les teinturiers du Languedoc. Les eaux les favorisent à la vérité; mais ils ont tellement l'art de multiplier les nuances par des gradations insensibles, qu'ils font d'une seule couleur cent couleurs brillantes, & qu'une carte d'échantillons de ces draps est une des bigarrures les plus agréables à l'œil. Voilà ce que les étrangers ont fait de vains efforts pour égaler; & le goût des Turcs à cet égard ne changeant point, l'art de nos teinturiers a sauvé jusqu'à présent nos fabriques, & c'est à eux que nous en sommes exclu-

De la Hollande.

sivement redevables : mais ce que des rivaux ont tenté vingt fois sans succès, peut réussir enfin à force de recherches, de bonheur & de circonstances favorables. On ne peut nier qu'il ne soit possible de nous supplanter & de s'emparer de ce commerce, comme je l'ai déja dit, directement ou indirectement, si nous continuons à seconder les efforts des autres nations. Quelques maisons de Hollande mettent tout en usage pour y parvenir ; & si l'on croit devoir maintenir la liberté, il n'y a que les consuls du Roi, dans le Levant, qui puissent prendre des mesures efficaces pour arrêter ce commerce dans sa chûte, & pour le remettre en quelque vigueur : car que feront les inspecteurs du Languedoc ? L'expérience nous l'enseigne. Je les crois tous à l'abri de la séduction ; mais voulez-vous qu'ils obstruent tout à coup le débouché ? Comment mettre une digue à ce torrent, & arrêter subitement la circulation par la violence ? Ce n'est qu'au Levant qu'on peut, sans interrompre le cours des affaires, détruire peu à peu les principaux abus, en prévenir un grand nombre, & affoiblir au moins le vice par des moyens plus doux & très praticables, quoique inconnus jusqu'à présent.

Je n'ignore pas qu'on peut faire de belles phrases sur les avantages de la liberté. Selon les partisans de ce systême, il faut *voir en grand* (1) les choses se remettront d'elles-mêmes: après le débordement, ce commerce reprendra son niveau : il vaut mieux supporter une crise que de rétrécir l'industrie : il ne se doit point agir du moment, &c. &c. &c. Tout cela peut être fort imposant sous une plume plus éloquente que la mienne; mais il n'est peut être pas impossible de démontrer que *la fixation* est l'ame du

---

(1) Expressions parasites de tous ceux qui veulent opposer les rêves sublimes de la théorie, à la plate vérité de l'expérience.

commerce des draps du Languedoc destinés aux Échelles du Levant (1).

On voit par cette digression, que la vigilance des Hollandais n'est jamais en défaut, lorsqu'il s'agit d'accroître les affaires ; le négoce étant leur unique ressource, il est naturel qu'ils épuisent tous les moyens de le conserver & de l'agrandir. L'avidité des hommes est presque toujours en raison de leurs besoins. Il ne faut que jetter un coup-d'œil sur la *bourse* d'Amsterdam, & comparer cet assemblée aux autres *bourses* de l'Europe, pour s'assurer de la vérité de cette réflexion. On peut appeller ce temple de l'intérêt, le tableau mouvant de la cupi-

---

(1) On n'a point d'idée des obligations sans nombre que les Génois ont imposées aux fabricants de velours : c'est à la grande sévérité avec laquelle ils maintiennent les réglemens relatifs à la fabrication de cette étoffe, qu'ils doivent la supériorité constante qu'elle a conservée sur les autres velours de l'Europe.

dité humaine : c'est là qu'il est aisé de se convaincre que l'amour du gain, porté à un violent excès, inspire à de certaines ames autant d'enthousiasme, d'emportement, de passion, de délire que les fureurs de l'amour même. Les visages s'enflamment ; les yeux sont égarés ; le cœur palpite ; la respiration est interceptée : on craint ; on espere ; on frémit ; on se presse ; on s'arrache mutuellement un homme auquel on veut faire une proposition : on s'élance pour parler le premier. Le commerce dans ce lieu de tumulte, d'agitation, de craintes, de ruses, d'espoir & de guerre perpétuelle, fait presque horreur à la philosophie. On ne voit point de pareils énergumenes dans la *bourse* de Londres, de Nantes, de Bordeaux, ou les acteurs y sont plus décents, ou ils n'y sont pas possédés au même point de l'esprit de leur état. Il est vrai que dans aucune ville de l'Europe il n'y a un aussi grand nombre de Juifs en liberté, & que partout

De la Hollande. 161

tout ailleurs les citoyens partagent leur sollicitude entre le commerce & d'autres objets.

La compagnie des Indes Hollandaise est établie sur des fondemens aussi solides que le commerce de l'Inde peut en avoir. Les Hollandais sont, à proprement parler, souverains de presque toute la grande Java, dans laquelle Batavia est leur capitale. La beauté de leurs possessions, le nombre de leurs troupes & de leurs comptoirs, les établissemens de toute espece, leur ont fait une nouvelle patrie dans cette terre étrangere. L'on se souvient qu'au moment où Louis XIV, auroit pris toute la Hollande, si ses généraux avoient bien voulu le lui permettre, la république étoit prête à faire voile. Les Hollandais devoient se réfugier avec leurs richesses à Batavia, où ils auroient, en réunissant leurs forces des deux extrémités du monde, fondé une puissance à jamais durable & désor-

L

mais à l'abri des invasions des Européens. On accuse ceux-là d'avoir tout employé pour s'établir avantageusement en Asie. On impute à la vérité plus ou moins de faits exécrables à toutes les nations maritimes conquérantes. Je ne sais si les accusations dont je parle sont toutes vraies; ce qu'il a de constant, c'est que les Hollandais ont grand soin de faire purger les éditions des voyageurs & de l'histoire générale des voyages, de tout ce qu'on leur impute de crimes. L'auteur des *Recherches philosophiques sur les Américains*, fait néanmoins de grands éloges de la douceur de la compagnie Hollandaise, sur-tout à l'égard des Hottentots. Il n'a pas pris garde, sans doute, que ce n'est pas au port de relâche de toutes les nations qui commercent dans l'Inde, qu'on peut être tenté d'abuser de son pouvoir. Ce n'est point au cap de Bonne-Espérance qu'il faut juger de la douceur des Hollandais avec leurs voisins. Quel fruit retireroient-ils d'ailleurs de tyranniser un peuple de chasseurs, de pâtres errants, pauvres, paresseux, difformes, qui ne cherchent qu'à vivre, & dont la philosophique indifférence tourne sans cesse en dérision les peines que les Hollandais se donnent pour amasser des trésors? Comment ceux-ci s'y prendroient-ils pour vexer ces philosophes sauvages ? Il faudroit pouvoir suivre les Hollandais sur les côtes méridionales de la grande Java, & dans les isles adjacentes. Quelques-uns assurent qu'ils y font *incognito* des esclaves à force ouverte sur leurs malheureux voisins, selon la nécessité des circonstances & sans le moindre scrupule. Au reste, la maniere dont la compagnie fait une bonne partie de ses recrues en Europe, autorise à croire qu'on ne l'accuse pas toujours à tort d'employer des moyens violents. On peut dire que ses manœuvres, à cet égard, ressemblent à ce que le despotisme a de plus révoltant; & il y a bien lieu de s'étonner qu'on puisse se permettre de pareils abus de force dans le sein d'une république. On me saura peut-être gré de ne pas les passer sous silence. Quelques scélérats, que les honnêtes gens indignés appellent *vendeurs d'ames*, sont à l'affut des étrangers qui arrivent à Amsterdam dans un état de détresse. Ces racoleurs les abordent, leur parlent la langue qu'il faut parler, feignent de s'intéresser à leur sort, leur promettent de les placer, si ce sont des artisans, & les attirent dans de petites auberges, dont le maître est toujours complice. On fait boire les nouveaux débarqués; on les prévient; on les sert beaucoup mieux qu'ils ne le demandent. Leurs bourreaux les excitent à se divertir; & on va au-devant de tous leurs besoins pendant quelques jours. L'aubergiste leur présente alors un compte énorme, & tel qu'on en sait fabriquer en

Hollande. Les racoleurs offrent de payer sous la condition d'un engagement pour l'Inde. Le malheureux étranger refuse d'abord : on l'enferme dans une chambre écartée; quelquefois on le bat à outrance : on le menace de le faire conduire en prison ; & tout citoyen en a le droit, s'il ne paye pas un compte qui s'accroît à chaque minute, & qu'on renouvelleroit malgré lui si, par hasard, il avoit de quoi payer. Enfin, de gré ou de force, il signe son engagement, & on le retient captif dans la même maison, sans qu'il puisse parler ni écrire à personne, jusqu'au moment où on le fait embarquer dans un vaisseau de la compagnie (1).

---

(1) Quand les recrues partent, pour appaiser les honnêtes gens qui crient contre ces vexations, on a soin de faire embarquer, avec un certain éclat, les soldats de bonne volonté, mais qu'on a toujours gardés à vûe : ceux-ci marchent au son des violons ; les racoleurs les conduisent, & semblent partager leur joie. Les victimes involontaires sont dérobées aux yeux du public.

Pour surcroit d'infortune, il n'est guere mieux traité à bord qu'un chien sans maître; il y est battu à la moindre faute qu'il commet dans un genre de travail si nouveau pour lui, & auquel il ne devroit pas être sujet, puisque sa destination est d'être soldat. S'il a le malheur d'être Français, il n'y a pas de mauvais traitemens auxquels il ne doive s'attendre (1).

---

(1) Nos élégans qui se félicitent tous les soirs de leur existence devant les glaces du foyer de la comédie, nos littérateurs qui se croient l'objet du culte public, sont bien loin d'imaginer que nous sommes l'exécration & le mépris de l'Europe. Ces bons Germains sur-tout qui sont très-haineux de leur naturel, quoiqu'en disent les géographes, nous haissent de pere en fils. Les Allemands & les Flamands Autrichiens nous haissoient avant l'alliance; ils nous abhorent depuis que nous sommes devenus si bons amis. Les Anglais nous donnent autant de coups de poings qu'ils peuvent. A la vérité, ceux-ci ne se mettent jamais six contre un, comme cela se pratique dans presque toutes les autres régions.

De la Hollande.

Combien de nos compatriotes gémissent tous les jours dans les horreurs de cette situation ! Que de familles au désespoir pleurent un fils égaré, que sa malheureuse destinée a conduit entre les mains de ces barbares (1) !

Enfin, *proh pudor!* les officiers Hollandais rient à gorge déployée devant M. le Secrétaire de l'ambassade de France, lorsqu'ils entendent, dans le Huron, louer la valeur du soldat Français. Il y a quelques années que les accès de philosophie qui regnent à Paris, ont dégénéré en une certaine fureur épidémique. Le malade qui en est atteint, passe son temps à débiter toutes sortes de rêves flétrissans pour la nation, & les étrangers qui ne demandent pas mieux que de nous croire lorsque nous disons du mal de nous, ont redoublé de zele d'après les cris convulsifs de nos malades.

(1) Faut-il le dire ? On a vu des misérables pousser l'infamie jusqu'à faire écrire à des paysans & des ouvriers Allemands, des lettres supposées de quelqu'un de leurs proches, qui les invitoit à venir partager leur fortune dans les Indes. La supercherie étoit appuyée par l'envoi de quelque

Malgré tant de cupidité, le peuple de Hollande est bien loin d'être aussi laborieux qu'on le croit ; celui de nos ports de mer & de nos villes marchandes a bien une autre activité. Le plus pauvre de leurs artisans ne passera pas la nuit pour travailler, quand vous tripleriez son salaire ; il ne vous sacrifiera jamais les heures destinées au cabaret. Dans aucun pays les boutiques ne s'ouvrent plus tard ; & l'on ne peut, en un mot, comparer d'aucune maniere ces peuples au peuple Français, pour l'amour du travail & pour la vigilance. Nous sommes, sans contredit, la nation la plus laborieuse de l'univers ; & c'est une des principales raisons de l'état florissant où est l'industrie parmi nous : mais le

---

argent. Des familles entieres abandonnoient leur patrie pour accourir en Hollande. On les embarquoit à Amsterdam, d'où elles étoient quelquefois transportées sur des côtes inconnues pour y être vendues à des nations sauvages.

peuple Hollandais tâche de concilier la paresse avec l'avarice, en regagnant par les supercheries & par le prix excessif de toute main-d'œuvre, & de toutes matieres en détail, ce qu'il perd par sa nonchalance (1).

On ne peut pas dire que les Hollandais aient un corps de marine, ou plutôt on peut assurer qu'ils n'en ont point : il n'en existe que le simulacre. Quoique leurs magasins soient si abondamment pourvus, qu'ils peuvent en un clin d'œil construire, équiper & armer une grande quantité de vaisseaux ; je crois que Troomp & Ruyter seroient fort embar-

---

(1) Un usage abusif a multiplié parmi les ouvriers de toute espece, les momens de repos, ceux destinés à prendre leur nourriture, leur thé, leur café. Ils ont l'art de remplir les intervalles de maniere qu'ils emploient cinquante journées, à un travail qu'un artisan Français acheveroit dans huit jours, sans qu'il y ait aucune sorte de moyen de s'opposer à ces abus.

rassés s'ils revenoient, & qu'ils voulussent faire une expédition d'éclat. Leur marine marchande est moins nombreuse qu'elle ne l'a été; mais elle couvre encore les mers. Je ne sais si c'est à cause de leurs petits équipages ou d'un vice radical dans leur maniere de naviguer, dont toutes les nations maritimes les accusent, qu'il périt tant de vaisseaux Hollandais: ce qu'il y a de vrai, c'est qu'à chaque ouragan, les côtes de Hollande, d'Angleterre & de France, sont couvertes de leurs débris. Ils ne peuvent nier que leurs cartes marines ne fourmillent de fautes; elles contiennent assurément beaucoup d'erreurs involontaires: cela est démontré; mais les officiers des compagnies Anglaises & Françaises assurent que les géographes Hollandais y en ont inséré un grand nombre de propos délibéré; ce qui ne paroît pas trop conforme aux droits de l'humanité, de la nature & des gens. On a souvent relevé plusieurs de ces erreurs principales; ils se sont opi-

De la Hollande. 171

niâtrés à les laisser subsister. Quel que soit le motif de leur obstination, il est certain qu'ils reviennent difficilement de leurs anciens préjugés, & de leurs vieilles habitudes dans tout ce qui regarde la mer. Leur construction marchande nous en offre une preuve : il est encore démontré que l'énorme volume des proues de leurs vaisseaux est un obstacle invincible à la rapidité de la course ; ils répondent que ces ventres monstrueux facilitent l'arrimage d'une plus grande quantité de marchandises. On leur a fait voir que ce principe est faux, qu'un navire peut porter autant que ceux qu'ils construisent, & être taillé plus avantageusement pour avancer ; qu'il est rare qu'ils aient des voiliers de la seconde force, & que ces masses prodigieuses ne sont bonnes que pour naviguer dans le fond du nord. Malgré tant de motifs réunis, ils ne laissent pas de construire comme du temps de leurs premieres courses. Le vice de ces constructions, &

ceux de leurs cartes, peuvent donc contribuer à multiplier pour eux les dangers de la mer; mais la cause principale de leurs désastres pourroit bien être dans le peu de monde qu'ils embarquent, comme je l'ai déja observé. Un vaisseau de trois cents tonneaux n'a, pour l'ordinaire, que cinq ou six hommes d'équipage. Je conviens que leur mâture, leur façon de gréer, la qualité de leurs agrets, doivent rendre leurs manœuvres beaucoup plus faciles que celles des autres nations; mais il ne leur est pas moins impossible de manœuvrer un navire, dans un gros temps, avec si peu de matelots : aussi sont-ils toujours contraints de s'abandonner à la providence pendant les fortes tempêtes. Ajoutez à ces observations que la crainte de perdre un pouce de terrain, leur fait charger les vaisseaux à fleur d'eau; & vous ne serez plus étonné que l'histoire de leurs naufrages attriste si souvent les papiers publics. Quoi qu'il en soit, on a vraisemblablement calculé que dans un laps de vingt ans, perte de vaisseaux & d'hommes balancée avec les profits, on gagne encore à ne pas changer des coutumes fondées sur l'économie; & qu'il est, après tout, plus profitable de laisser noyer quatre hommes que d'en nourrir soixante.

Les Hollandais ont sur pied le fond de trente mille hommes ; mais quoi qu'on puisse lire dans les gazettes de leurs évolutions militaires & des descriptions de leurs revues, il est certain que si vous en exceptez quelques régimens étrangers, les autres ne manœuvrent pas (1). Ce n'est pas que le prince Stathouder ne

---

(1) Au dernier camp de Bréda, dont les opérations ont rempli les gazettes, les artilleurs ne purent jamais jetter une bombe sur une cabanne élevée à cet effet, & l'on fut obligé, pour ne pas rester quinze jours devant la place, d'y mettre le feu par le moyen d'une mêche qu'on alluma au moment que la derniere bombe partit.

soit plein de zele & d'ardeur; mais sa bonne volonté ne suffit point, & peut être n'est-elle pas toujours selon les vues de la république, & sur-tout de la ville d'Amsterdam, dont l'adhésion est d'un si grand poids. D'après l'état où sont aujourd'hui presque toutes les troupes de l'Europe (1), il paroît très dangereux de

---

(1) Dans ce siecle de fer on ne parle plus que de soldats, de tenue, de manœuvres. Tout le nord manœuvre supérieurement bien, comme chacun sait. La moitié de l'Europe passe son temps à admirer ou à improuver des manœuvres. Les Allemands s'entretiennent sans cesse des nôtres. Nous disons de bonne foi qu'ils manœuvrent bien : ils assurent toujours, selon l'usage, que nous manœuvrons très mal. Il faut croire que nous ne sommes ni assez lestes, ni assez adroits pour apprendre à faire l'exercice, à moins que des officiers de la Germanie ne viennent nous *dégonrdir*. Il faut le croire & nous soumettre. Cela est dur pour une nation qui fait une guerre presque continuelle depuis plus de vingt siecles. Il viendra un meilleur temps,

n'être pas à peu près à leur niveau, au moins pour le méchanisme. Cependant quelques notables de Hollande, assurent qu'ils est absolument égal pour la sûreté extérieure de la république, que ses troupes restent dans l'état où elles sont ; mais qu'il ne seroit pas indifférent pour sa sûreté intérieure, qu'elle se mît sur un pied formidable ; ils prétendent qu'à la premiere guerre, ils acheteront la paix ou des soldats : ce systême ne paroît pas sans réplique. Instruites par l'expérience de la derniere guerre, les puissances

---

& peut-être à force de conseils sortirons-nous un jour de la barbarie. Il faut tout dire : les peuples manœuvrans & manœuvrés n'estiment guere davantage la dextérité des Anglais que la nôtre ; ils les regardent comme fort arriérés : mais ils finiront néanmoins par les honorer de leurs suffrages, parce que les Anglais sont censés être du corps du nord, ce qui est la base des affections politiques dans toute cette partie du monde, où l'on ne peut s'aimer & s'estimer qu'au thermometre.

belligérantes ne voudront peut-être pas vendre la paix : quant à l'enchere des soldats, elle pouvoit s'opérer avec succès, il y a quarante ans ; mais tel est l'état actuel de l'Europe, qu'à peine trouveront-ils des hommes dans une circonstance pressante ; & il y a bien loin de ces hommes qui pouvoient suffire autrefois aux soldats de nos jours. C'est une position bien délicate que d'être dans l'alternative de risquer également sa sûreté, en entretenant trop ou trop peu de troupes. Mais quoique l'accroissement du pouvoir militaire mérite toute la surveillance des républicains patriotes, la république se trouve dans de telles circonstances, que leurs précautions, à cet égard, seront insuffisantes pour le maintien de la liberté, s'ils n'élevent de toutes parts les plus fortes barrieres à l'ambition de la maison d'Orange. Tant que les droits du peuple & ceux du Stathouder ne seront pas irrévocablement fixés ; tant que ce Prince & des régens aristocrates pourront lutter

avec

De la Hollande. 177

avec succès contre le vœu des citoyens, qui réclament sans cesse l'authenticité & la solidité du pacte mutuel; tant qu'il sera permis aux Stathouders d'épouser d'autres femmes que des Hollandaises, la liberté de la Hollande sera toujours chancelante: & le premier choc politique doit la renverser, s'il ne détruit pas à la fois la dictature des princes d'Orange, & l'aristocratie du plus grand nombre des régens.

Ce qui peut retarder aussi les progrès du militaire Hollandais, c'est le peu de considération dont il doit nécessairement jouir au milieu d'une république marchande. Dans la capitale & dans toutes les villes, excepté à la Haie, il n'y a point de bourgeois qui ne regarde un colonel comme un homme à ses gages; tandis que le prince d'Orange, généralissime par sa dignité, travaille à donner à l'officier toute la considération possible. Les princes, les altesses, les excellences Allemandes, dont l'état major de l'armée

M

Hollandaise fourmille, ne manqueront pas de dire en temps de guerre, aux marchands leurs maîtres : comment voulez-vous que nous ayions des succès, si vous prétendez avilir le métier ? Et leurs maîtres n'exigeront pas moins que les généraux gagnent toutes les batailles, prennent toutes les villes, & n'en laissent prendre aucune, parce qu'ils les payent pour vaincre. Le prince d'Orange fait, à la vérité, tous ses efforts pour rendre le service honorable ; il est le chef de l'état de guerre ; il commande les troupes ; il dispose des emplois, dont les Etats-Généraux confirment la nomination pour la forme ; il doit donc chercher à donner une consistence au militaire : mais la province de Hollande, en qui seule réside plus de la moitié de la puissance de la république, puisque telle est la proportion de son influence pécuniaire, la province de Hollande, dis-je, & sur-tout la ville d'Amsterdam, prétendent avoir de bonnes raisons pour voir cet important objet avec un peu plus de modération que le prince Stathouder. Le conflit de ces deux opinions est un des spectacles politiques de l'Europe, le plus intéressant.

Quelques gens de guerre Hollandais sont très bravaches : je ne sais si cette habitude leur a été transmise par les anciens Espagnols (1); mais quelque intrépide qu'on se sente, au moins faut-il attendre qu'on ait éprouvé ses forces pour essayer d'inspirer la terreur. Le long calme d'une heureuse paix devroit avoir un peu modéré cette audace martiale : elle opere rarement de bons effets, & l'événement la rend quelquefois bien ridicule. On se souvient qu'au siege de Bergopzoom, les Hollandais habilloient

---

(1) Les anciens Espagnols étoient très fanfarons; ils faisoient des menaces horribles, & savoient les exécuter; ils joignoient à beaucoup de forfanterie la même valeur qu'on connoît à urs descendans.

des hommes de paille à la Française : ils montroient ces mannequins étendus sur les remparts, pour nous désigner l'état où ils alloient réduire tous les individus de l'armée. Ils avoient exposé une vache parée d'une belle quenouille, & ils assuroient que nous prendrions Bergop-zoom quand cette vache fileroit. Leurs gazettes, pendant le siege, sur-tout celles écrites en langue du pays, étoient pleines de satyres ameres & d'invectives indignes d'une nation policée ; & les Français établis à Amsterdam eurent à souffrir tous les outrages imaginables. Malgré tant de gaieté & de véhémence, Bergop-zoom, rafraîchie à volonté par une armée de quarante mille hommes, approvisionnée tous les jours par la mer, fortifiée des madrigaux de la régence d'Amsterdam, qui ne manquoit jamais d'adresser les munitions & les vivres A L'INVINCIBLE GARNISON DE BERGOPZOOM ; cette ville imprenable, en un mot, est emportée d'assaut. Les Hollandais confus & stupé-

De la Hollande.

faits, chercherent alors de mauvaises excuses : ils essayerent de répandre que la ville avoit été livrée ; mais cette fable n'eut aucun crédit. Toute l'Europe sut que le général Cromstrom ayant prévu l'assaut, n'avoit négligé aucune des précautions qui lui paroissoient propres à faire échouer une semblable entreprise. Il comptoit si bien sur la force de la place, que ses domestiques eurent à peine le temps de l'arracher de son lit pour le jetter dans une chaloupe (1).

---

(1) On ne sauroit se refuser ici à la satisfaction de rendre justice au brave régiment Ecossois de Sporck. La ville prise il ne veut ni fuir, ni se rendre ; il s'empare de la place & des maisons voisines ; il fait un feu terrible, & se bat avec la même ardeur que s'il avoit l'espoir de vaincre. On fut obligé de l'attaquer en regle ; & ces braves gens se laisserent massacrer plutôt que de mettre bas les armes. Disons avec encore plus de plaisir, qu'au spectacle de ces vaillans hommes, victimes de leur fidélité, à celui d'un peuple égaré fuyant la fureur du soldat, ces

Lorsque les Hollandais entreprirent de secouer le joug de Philippe II, si la Hollande avoit été une confédération de riches marchands, telle qu'elle est aujourd'hui, il y a grande apparence qu'elle seroit encore aux fers, malgré les qualités éclatantes du prince Guillaume. Il est évident que les républiques marchandes ne sauroient se soutenir contre les nations guerrieres. C'est à quoi la

---

mêmes officiers qui venoient d'emporter la ville l'épée à la main, se surprenoient tous les larmes aux yeux. Voilà la nation ! voilà les beaux momens de son histoire ! Nos plus jeunes militaires donnerent de ces exemples d'honneur que Rome, dans ses tems héroïques, se fit gloire de compter parmi les grandes actions de ses plus illustres personnages. En parcourant les rues pour appaiser le désordre, ils arrachoient des bras du soldat la pudeur au désespoir ; & un grand nombre de jeunes personnes qu'ils mirent sur le champ en sûreté au milieu de leur famille, furent redevables de leur salut à la vertueuse sensibilité du vainqueur.

maison d'Orange a voulu remédier; elle s'en occupe vraisemblablement encore: mais ses soins, à cet égard, ont toujours effrayé la patrie.

On a vu la république de Carthage plus riche, plus puissante que celle de Rome, détruite de fond en comble. Si la voix de l'honneur avoit étouffé celle de l'avarice dans le sénat Carthaginois, si les Carthaginois avoient su sacrifier quelques intérêts personnels à l'intérêt public, ils auroient triomphé; ils ont pu subjuguer Rome. Les Romains, à leur place, n'auroient pas fait les mêmes fautes: les guerres puniques n'auroient pas été si longues, & ils auroient eu bientôt consommé la ruine de leurs ennemis. Les Carthaginois n'avoient pour aiguillon que la haine & l'avarice: les autres haïssoient avec la même fureur; mais l'honneur du nom Romain, l'enthousiasme & *l'esprit de corps* étoient l'ame de leurs desseins & de leurs légions. Ces marchands jaloux d'Annibal & ivres de l'honneur de commander, multiplioient les obstacles à la gloire de ce grand capitaine; ce que Rollin observe par la seule épigramme qu'il se soit permise. Une république de marchands, dit-il, connoît très-bien le prix de l'argent, & fort peu celui du mérite.

Quoi qu'il en soit, les militaires Hollandais, & sur-tout les jeunes, qui sans doute ont acquis le droit de nous juger, par des voies qui nous sont inconnues, ont la plus mince opinion du militaire Français. Puisque treize cents ans de faits d'armes n'ont pu nous rendre dignes de leurs bontés, il faudra bien se consoler de ne les avoir pas obtenues.

Le peuple de Hollande est celui de toute l'Europe qui est le plus chargé d'impôts. On y paye jusqu'à la permission de prendre du thé; & quand même vous ne voudriez en faire aucun usage, vous n'en êtes pas moins obligé de vous laisser permettre le thé pour votre argent. L'air seul n'y est pas encore sujet à une imposition : il est à la vérité trop mauvais pour qu'on puisse, sans tyrannie, vendre le droit de le respirer. Quelqu'un a déja calculé que lorsqu'un plat de poisson à l'eau y est servi sur une table, il a payé douze ou treize fois à l'état. Cet exemple suffit pour donner une idée des charges publiques : elles sont énormes, mais il n'y a point de pays où le produit en soit perçu avec plus de dextérité.

Vous lisez dans les relateurs, vous entendez dire aux politiques, que les paysans Hollandais sont exempts de toute imposition. Je ne sais comment on peut avoir accrédité un mensonge aussi manifeste. Il n'y a point de denrée qui ne paye des droits; & cependant il n'y a point de peuple plus à son aise que le peuple Hollandais : mais il faut chercher la cause de son aisance, bien plus dans sa grande économie que dans les produits de son travail. Je conviens que le luxe, qui n'a point encore pénétré chez les citoyens des dernieres classes, augmente beaucoup leurs ressources, tandis qu'il appauvrit insensiblement les riches; mais il n'est pas moins vrai que les principaux moyens de ce peuple viennent de ce qu'il a conservé ses anciennes mœurs, à peu de chose près. Il entasse sans cesse & se refuse tout, toujours en proportion des charges publiques qu'il paye sans murmurer. Le caractere flegmatique des Hollandais contribue sans doute à cette louable soumission; cependant il n'en est pas le seul motif. Chaque républicain imagine, à quelques égards, s'être imposé lui-même; il croit tenir un bout du gouvernail; il voit à la tête de l'administration des magistrats honnêtes, simples, modérés, & que la crainte du peuple contiendroit dans les bornes de la justice, s'ils étoient tentés de s'en éloigner à un certain point; il n'a jamais le spectacle affreux de voir le luxe de quelques particuliers dévorer sa substance, & dissiper insolemment le fruit de ses sueurs par tout ce que le libertinage, la molesse, la vanité, la magnificence & la dissolution peuvent étaler de plus révoltant. Personne, en un mot, n'ose s'y montrer couvert des dépouilles de ses concitoyens (1); & tout le monde y est

---

(1) Lorsque quelqu'un ose l'entreprendre, voici comment on le fait rentrer dans son devoir. Il y a quelques années qu'un particulier s'avisa de vouloir affermer quelques droits de la ville d'Amsterdam : on eut l'imprudence d'accepter la proposition. Dès que le peuple sut qu'il alloit paroître un fermier, il s'assembla : dès que le fermier fut connu, le peuple le condamna au pillage : peine du talion, sorte de châtiment qu'il inflige à tous ceux qu'il croit coupable envers les citoyens. Les conjurés investirent sa maison : on leur dit que le maître n'y étoit pas. Nous reviendrons, répondirent-ils suivant l'usage, car il faut qu'il y soit. Cette police de costume au milieu des fureurs d'une sédition, est la chose du monde la plus extraordinaire. Cependant ils étoient à l'affut du fermier : lorsqu'ils le virent entrer, ils allerent lui demander

convaincu que les sommes destinées aux frais immenses qu'exigent l'entretien des

quel meuble, quel effet il étoit bien aise de conserver; & sur la réponse du traitant, on eut soin de mettre à couvert ce qu'il avoit désigné. Le peuple alors se répand dans la maison, brise, casse, renverse, met tout en pieces, jette les débris par les fenêtres, fait couler dans les canaux les vins dont l'ennemi public faisoit commerce; les eaux de tout le quartier en furent teintes : & après avoir consommé sa ruine, ils lui enjoignirent d'être plus circonspect à l'avenir. Ce qu'il y a d'étonnant, c'est que le peuple observe dans ces sortes d'émeutes des loix qu'il s'est imposées & qu'il n'enfreint jamais. Si quelqu'un d'entre les séditieux, & assurément ils sont tous avides de gain, osoit détourner la moindre bagatelle, il seroit mis à mort. Tout ce qui appartient au fermier doit être immolé à la chose publique : le sacrifice est exclusif. Les effets jettés dans les canaux, ne sont pas néanmoins absolument perdus : Israël, qui veille toujours, ne manque pas de les recouvrer; & des détachemens de Juifs passent les nuits entre deux eaux, pour dérober à la vigilance des patrouilles ce qu'ils peuvent sauver du naufrage.

villes & la sûreté de la république, sont employées avec la plus grande fidélité.

Il faut donc attribuer principalement l'aisance des Hollandais à leur parcimonie & à l'extrême amour qu'on doit nécessairement avoir pour le comptant, dans un pays qui ne produit rien qui pût réaliser un écu. Ils vivent de thé au lait & de tartines faites de mauvais pain noir; car le pain blanc leur tient lieu de gâteau, & une once de café sert à faire souper toute une famille. Qu'on essaye de persuader à nos artisans d'acquérir de l'aisance à ce prix là; ils sauront fort bien vous répondre qu'autant vaut-il être pauvre. Exhortez nos imprimeurs, par exemple, nos chapeliers, nos teinturiers, dont les professions sont très lucratives en France, à vivre comme les Hollandais. Proposez-leur de se contenter pour leur journée, d'une demie livre de pain noir bien mat, bien dégoutant, bien lourd, coupé en tranches teintes de beurre & couvertes de feuilles de viande salée, le tout arrosé d'une douzaine de tasses d'eau chaude qui a détrempé quelques feuilles de thé ou quelques grains de café. Faites-leur voir qu'avec cinq sols de France par jour, ils peuvent mener cette joyeuse vie, & que moyennant une épargne sans cesse renouvellée, ils seront riches d'autant plutôt, que n'ayant ni pré ni vigne, ils n'ont que trente sols de capitation à payer par an. Il nous importe fort peu d'amasser, ajouteront-ils, il faut vivre quand on travaille, & nos enfans feront comme nous. Toutes vos remontrances n'auront aucun effet ; ceux qui exercent leurs métiers dans Paris, continueront à faire les jours de fêtes, des dépenses énormes, si vous les comparez à leurs moyens ; & les artisans de nos bonnes provinces, où le grand marché des denrées est pour eux un nouveau sujet de dissipation, loin d'être une source d'économie, ne renonceront jamais à faire bonne chere : il n'y a guere en France que les gens bien nés qui sachent être sobres quand il faut l'être. En Languedoc, en Guienne, en Périgord, &c. ceux des artisans dont le salaire est considérable, veulent jouir lorsqu'ils le peuvent, & se réserver le droit de jetter les hauts cris à la premiere disette; tandis que les paysans qui devroient être plus heureux, portent presque seuls le faix des charges publiques.

Puisque le peuple Hollandais n'est riche que de ses privations, la meilleure partie du peuple de nos ports de mer & de nos villes de commerce, peut assurément s'enrichir par les mêmes voies; mais comment résisteroit-il au spectacle continuel des productions de toute espece & à la modicité de leur prix? Il croit qu'au milieu de tant de biens, il y auroit de la folie à se condamner au supplice de Tantale; & la vivacité de ses passions s'oppose absolument à toute idée de réforme.

La vie animale est d'une grande cherté en Hollande: tout le superflu principalement s'y vend au poids de l'or. Cette cherté ne se borne pas aux denrées; elle s'étend sur tous les articles de consommation & sur les mains-d'œuvres : le pain y est en général si mauvais, qu'on s'accoutume difficilement à le supporter. Celui que mangent les petits bourgeois & le peuple, ressemble parfaitement au pain de nos chenils: on y trouve des grains de seigle entiers; il est sans hyperbole, noir comme de la suie, gluant & mou comme de la poix : ce pain est rarement au-dessous de trois sols de France la livre, & la livre de ce pain mouillé, n'est rien moins qu'une livre de pain. Le prix commun du blanc, est de six sols de France. Il en est de même à quelques égards dans presque tout le Nord. Aussi lorsque les Hollandais & les Allemands lisent qu'il y a disette en France, ils jugent d'après le train ordinaire de leur vie animale (1), que

---

(1) Le Hollandais riche & libre se condamne lui-même à cette triste existence, parce qu'il nous

nous allons être obligés de recourir au gland : ils ne savent pas que si le peuple de nos villes vouloit se contenter d'une semblable nourriture, il seroit très rarement réduit à l'extrémité de ne pouvoir pas la payer ce qu'elle vaudroit parmi nous. Ce qui constitue, on peut le dire, l'état habituel de tant de millions d'hommes, feroit bientôt naître parmi le peuple Français le désespoir & la révolte ; & l'on ne parviendroit jamais à l'obliger de se nourrir de ce pain d'amertume, à moins de ces événemens si rares qu'il ne faut jamais citer en preuve, & de ces disettes que les manœuvres & le brigandage d'une horde de scélérats savent faire naître au milieu de l'abondance. Au temps où la fermentation étoit dans celles de nos provinces, que les monopoleurs avoient affamées, le pain affreux dont je viens

---

aime l'argent par-dessus toutes choses ; elle doit être un fardeau plus pénible pour l'Allemand, qui n'est souvent ni l'un ni l'autre.

de parler, poids & qualités compensés, se vendoit aussi cher que notre pain bis dans presque tout le nord. Personne n'y murmuroit ; & il restoit encore assez de gaieté, pour que tout le monde se moquât de notre embarras. Assurément le peuple Français regarderoit comme un état perpétuel de famine, l'extrémité constante qui le forceroit à vivre de cette sorte de pain. Telle étoit pourtant la situation de la moitié de l'Europe ; elle y paroissoit toute naturelle, tandis qu'elle ne manque jamais de susciter en France ces plaintes, ces rumeurs, ces soulevemens qui font quelquefois espérer à nos freres du nord, que grace à la providence, les Français vont mourir de faim. Tous les hommes sont exigents en proportion de la beauté du sol qu'ils habitent. Voilà ce que les étrangers seroient bien fâchés d'observer. Que seroit-ce donc si, pour agrandir le cercle de nos ressources, le peuple vouloit se restraindre à l'excellente substance des pommes de terre ? Il y a dans tout le nord, depuis la Flandre Française jusqu'à Arcangel, de grandes provinces où les paysans ne mangent que très rarement du pain, & où parmi le peuple de quelques villes, chaque individu n'en consomme pas deux onces par jour ; les pommes de terre y sont la nourriture commune.

Parmi les droits considérables dont les Hollandais sont accablés, il y en a un qui ressemble plutôt à une imposition asiatique qu'à une taxe républicaine. Ce droit est appellé le collatéral ; il consiste à payer tant pour cent de la valeur d'une maison, laquelle ne vient pas de votre pere, toutes les fois qu'elle change de main. Si les révolutions sont fréquentes, ce qui dépend des vicissitudes du commerce, s'il y a mortalité ; une maison de cent mille florins est bientôt réduite à ne représenter, dans une famille, que la valeur de trente mille. La république a hérité du reste, comme un despote oriental.

De la Hollande.

La justice est administrée en Hollande, quant au civil, à-peu-près comme dans presque toute l'Europe; c'est-à-dire, que les formes y sont susceptibles des longueurs de la chicane, & qu'on y voit dans les procédures, cette propagation terrible & rapide de frais que les malheureux plaideurs de toutes les nations, doivent au génie inventif des suppôts de Thémis: mais la jurisprudence criminelle y honore la nature humaine, sans favoriser le désordre (1); on peut dire que les formes en sont sublimes & touchantes: il n'y en a pas une qui ne soit un double hommage rendu à la justice & aux droits sacrés de l'humanité. Les juges Hollandais n'oublient jamais que le

---

(1) On y pratiquoit les leçons du marquis Beccaria long-temps avant que ce respectable philosophe les réduisît en principes, dans son excellent traité des délits & des peines, dont un sauvage Italien vient d'entreprendre la réfutation.

criminel est un homme ; ils le croient assez avili par le fardeau de son crime & par l'aspect du supplice. Aussi incorruptibles que la loi, ils la prononcent avec sévérité, mais toujours avec douleur. Ce sont des peres forcés de venger la cause de cette grande famille, & non des tyrans en proie à une sombre fureur que le mépris, l'épouvante & l'opprobre environnent, & dont l'abord funeste est un supplice anticipé. Loin de présenter au coupable un front chargé de l'indignation que son crime mériteroit peut-être, le juge y manifeste l'amertume de son devoir, la violence & la grandeur du sacrifice que ses entrailles paternelles (1) vont faire à la société.

Toi qui disposes avec tant de prestesse

---

(1) Dans une république, il n'y a point d'autre pere du peuple que les magistrats. Dans une monarchie, ils ne font que le représenter : aussi est-il bien difficile qu'ils en aient toute la tendresse.

& de mépris du plus grand ouvrage de la nature, de la vie! viens apprendre dans le sanctuaire des tribunaux Hollandais, comment un homme doit juger un homme. Jamais les Romains dont tous les usages agrandissoient notre être, ne t'auront donné d'aussi sublimes leçons (1). Et de quel droit, barbare, peut-on dire à ces juges qui n'ont pas de leur sacerdoce l'idée sublime qu'ils doivent en avoir; de quel droit prétend-tu aggraver l'infortune de cet accusé avant que la loi nous ait appris qu'il est coupable? Qui t'a permis d'ajouter aux rigoureuses précautions de cette loi, la cruelle hauteur de ton caractere, l'insulte, l'opprobre, la fourbe, la surprise, l'avilissement, & tout le poids de la morgue de ta ridicule

---

(1) On verra les détails de ce spectacle si touchant & si digne d'admiration, dans un ouvrage considérable que nous nous proposons de donner au public, & dont celui-ci n'est, pour ainsi dire, que le prospectus.

vanité? Les douleurs intérieures & poignantes dont tu déchires l'ame flétrie de ce malheureux, sont sans effet. Ne vois-tu pas que le supplice injuste & préliminaire que ton farouche orgueil lui fait subir, est perdu pour la société? Il torture l'homme coupable, sans effrayer l'homme foible dont tu veux arrêter le penchant. Le seul bien que la loi veuille opérer est la crainte salutaire du supplice: l'objet de ta cruauté est donc aussi vague qu'atroce. Oses-tu dégrader la majesté de ton ministere, en associant à ses augustes fonctions l'horrible industrie des bourreaux? Lis-tu dans le fond de l'ame du concitoyen que la loi vient de traîner à tes pieds? Connois-tu tous les motifs, toutes les circonstances, toutes les causes physiques & morales de son crime? Le malheureux ne sauroit pas se les développer à lui-même. Au moment où il sera déclaré coupable, ce sera bien assez de lui apprendre que la loi vient de prononcer sa mort: ne t'arroge pas le barbare privilege d'exercer toi-même des tourmens qu'elle n'a pas ordonnés : cet homme criminel est peut être plus vertueux que toi. N'oublie point qu'un de nos plus grands génies a dit que beaucoup d'honnêtes gens avoient terminé leur vie sur un échafaud ; & reconnois dans les précautions sans nombre de la loi, l'incertitude d'une mere aussi sensible qu'outragée, & dont la tendre sollicitude, loin d'anticiper le supplice, aime à douter toujours si elle n'est convaincue. Observe & prononce comme elle en frémissant, & sans insulter au malheur.

Il est certain que dans la capitale de la Hollande, on n'exécute pas à mort six personnes chaque année ; & les événemens funestes sont néanmoins très rares à Amsterdam. L'occupation des affaires y contribue sans doute au bon ordre, autant que la vigilance des magistrats. Tout le monde est agité du soin d'amasser, & je crois qu'il n'y a point de ville où l'on trouve moins de gens oisifs.

De la Hollande.

Ces magistrats, d'ailleurs honnêtes, doux, équitables, sont quelquefois obligés de paroître sacrifier l'étranger au citoyen, dans les petites causes d'intérêt: ils craignent tant de se faire haïr, & le peuple est si injuste. Quant aux plaintes d'insulte, il est d'une impossibilité presque absolue d'en avoir raison. On exige du plaignant le résultat de plusieurs démarches impraticables à quelqu'un qui ne sait pas la langue; il s'exposeroit en les faisant à de nouveaux outrages. Dans Paris l'étranger est aussi-tôt vengé qu'entendu. Il reste à savoir s'il est plus avantageux qu'il y ait un magistrat dont l'opinion soit au-dessus de toutes les formalités, un homme en possession du droit de ne consulter que lui pour opérer rapidement des effets quelquefois utiles au bon ordre; ce même droit donne nécessairement la malheureuse facilité d'abuser d'un pouvoir contre lequel il semble que la justice & la liberté naturelle sont fondées à réclamer, lors même que ce pouvoir *souverain* est entre les mains d'un honnête homme. Il vaut sans doute mieux essuyer tous les jours de petits inconvéniens, que de courir une seule fois de si grands risques.

La police est en général excellente à Amsterdam, parce que chacun y craint pour sa bourse, & que de toutes les craintes c'est assurément la plus efficace en Hollande. Le grand bailli, qui est à la fois partie publique & lieutenant de police, n'est pas intéressé à réformer, mais à être instruit. Ce vice deviendroit peut être radical pour l'entretien du bon ordre, s'il n'étoit balancé par l'effroi qu'un châtiment pécuniaire inspire aux Hollandais; car moins il regne d'ordre, plus la place du bailli rapporte. Il inflige d'autorité des amendes à son profit, suivant les cas & l'état du particulier surpris en faute : coutume inconcevable dans une république. Comme on donne ordinairement cet emploi à quelqu'un dont on veut réparer la fortune, qui aura fait de grosses dépenses dans des ambassades, ou autres corvées publiques, l'intérêt de cet officier est qu'il y ait de mauvaises mœurs & de bons espions. Je m'expliquerai par un exemple. Le grand bailli apprend qu'un citoyen marié soupe chez des filles de joie; il l'envoie saisir par des recors, qui le gardent à vue jusqu'au lendemain, pour être traduit en plein jour pardevant lui. Cet homme est quelquefois un personnage grave, & toujours un négociant qui a besoin de sa réputation. Il ne manque donc pas de faire sur le champ une offre au grand bailli: celui-ci répond; on discute; on marchande; & les tristes plaisirs de l'adultere débauché aboutissent à lui faire dépenser, s'il est riche, jusqu'à mille louis d'or pour acquérir le droit de se retirer dans sa maison. Ce n'est pas qu'après avoir entendu le délinquant qui se seroit laissé traduire devant le bailli, cet officier pût ni le juger ni le condamner: il dépouilleroit seulement alors le personnage de lieutenant de police pour revêtir celui de procureur général, afin de poursuivre le coupable devant les juges compétens, au risque toutefois de payer de gros dommages s'il perdoit lui-même sa cause. En sorte qu'à parler exactement, il n'agit qu'en s'appropriant la force coactive de la loi, & pour lui prêter ensuite son ministere; & lorsqu'il demande de l'argent, c'est comme s'il disoit : moyennant que vous me comptiez une telle somme, je ne vous poursuivrai point. Il se sert donc alors du ministere de la loi, pour soustraire le coupable à la loi même dont il vend le silence à son profit. On peut s'étonner qu'un abus soit un réglement d'économie politique; ce qu'il y a de certain, c'est qu'il en résulte de très bons effets, & que l'important emploi du grand bailli est toujours confié à un citoyen aussi recommandable par son intégrité que par ses lumieres.

Il est bien extraordinaire que la police

de Hollande n'ait pas encore pourvu aux vexations qu'exercent sur les voyageurs les aubergistes, quelques fournisseurs, & généralement tous les gens du peuple qu'on veut employer à divers usages. Les étrangers sont mis à contribution, sans qu'il y ait aucun moyen d'éluder le paiement, s'ils n'ont le soin de faire leur marché d'avance. Quelques-uns n'abusent pas de cette facilité: la plus grande partie en abuse; & quoique disent les Hollandais, depuis qu'ils en rougissent, il n'y a aucune espece de police à cet égard: si l'on s'avisoit même de vouloir faire quelques représentations, le créancier redoubleroit d'effronterie & de brutalité. La populace Hollandaise est la plus grossiere du monde, lorsque son intérêt est compromis: l'appât du gain la met dans une agitation violente. Tous les individus y sont occupés, sans distraction, du soin perpétuel de conserver leur argent & d'entreprendre sur celui des autres; & l'on ne voit nulle part une semblable avidité.

Le véritable Hollandais a l'ame fiere, honnête & sensible; il est modeste & franc, de cette franchise qu'inspire la liberté. Aussi simple que magnifique lorsqu'il faut l'être, cette noble simplicité donne à sa magnificence un air de grandeur, que tout l'appareil du faste ne sauroit atteindre. Bon ami, fidele à sa parole, libéral sans charlatanisme, il sait allier l'amour excessif du gain, devenu en lui une affection naturelle, avec beaucoup de générosité. Le procédé le plus ordinaire ne s'efface jamais de sa mémoire; & personne n'est plus prompt à saisir les moindres occasions de le reconnoître. En l'observant avec soin, vous découvrez en lui le germe de ces qualités précieuses, que Guillaume le Taciturne sçut si bien employer à la conquête de la liberté. Sa haine pour l'étranger, s'il en a, vient de ce qu'il se croit méprisé; &

il s'en faut bien qu'un vrai *Batave* soit digne de mépris. Quand il voit que vous le jugez sans prévention, il revient de bonne foi, sans qu'il lui en coûte le plus petit effort pour devenir votre compatriote : au lieu que l'Anglais ne peut jamais dompter tout-à-fait ses mouvemens antipathiques, dont l'honneur seul lui fait réprimer les saillies.

D'un Hollandais & d'un Français on feroit la propreté même : dans celui-ci moins de mépris pour les vestibules, les escaliers, les tapis, les serviettes : dans l'autre, le soin que nous avons de notre personne & qu'il n'a pas. L'asservissement excessif des habitans de la Hollande, à cet égard, est sans contredit d'institution politique, & il est évidemment indispensable pour prévenir la peste, que les vases, la bassesse du terrein, le brouillard, les canaux croupissans, les exhalaisons de la mer & les Juifs ne manqueroient pas d'occasionner. Le métal le plus pur, le galon le plus brillant y noircit dans vingt-quatre heures. Un vitrage abandonné huit jours, s'est enduit d'une croûte épaisse & coloriée, formée par les soufres putrides de l'air. Nous ne lavons pas avec la même sujetion, parce que nos besoins ne sont pas si pressans. Un mois de négligence enseveliroit la Hollande sous le fumier.

La société est très difficile dans les Provinces-Unies: il n'y a pas à Amsterdam une seule maison ni une seule table ouverte. Il faut être invité en cérémonie, même pour aller prendre une tasse de thé & jouer un triste wisk dans une salle où vous ne voyez jamais rire, & d'où, pour l'ordinaire (1), chacun s'écoule à

___

(1) Lorsque vous devez y souper, on vous envoie inviter le matin *sur une petite salade*, suivant l'expression tecnique. Cette formule modeste a sans doute paru la plus sûre, pour que l'amphitrion ne prît pas de trop forts engagemens. Dans quelques maisons du bon air, on vous envoie une carte imprimée, par laquelle

neuf

neuf heures du soir. Ces voluptueux conciliabules se nomment des *salettes* ; & les femmes y attachent un si grand prix, qu'elles sont persuadées qu'il ne manque plus rien au bonheur d'un étranger, lorsqu'il parvient à être du nombre des élus. Jamais l'admission aux mysteres de la bonne déesse n'éprouva tant d'obstacles, & néanmoins les choses s'y passoient avec un plus de gaieté. J'ai vu des dames d'Amsterdam délibérer entre elles, si elles recevroient dans leurs assemblées la marquise de Sassenage qui voyageoit en Hollande : il fut enfin décidé qu'elle seroit admise. Ce cérémonial est poussé si loin, que le fils établi qui n'habite plus la maison paternelle, est en général obligé de faire prévenir qu'il ira dîner chez son pere. Je ne saurois attribuer l'origine de ces coutumes gênantes

---

vous êtes typographiquement prié de faire une partie & de souper. Avant de sortir, vous payez votre écot aux domestiques de la maison.

O

qu'à la parcimonie que les hommes, principalement en Hollande, tâchent toujours d'accorder avec la vanité. On veut être économe sans que l'amour-propre puisse être pris sur le fait : on veut avoir le temps d'étaler du luxe & de la richesse, sans compromettre désormais les ressources de l'avarice.

Ce n'est pas en général chez les peuples du nord que la société & l'hospitalité fleurissent. Le climat y endurcit l'intérieur de l'homme, & lui donne en même temps l'aspect rude & austere de la nature de son pays. Eh! pourquoi le regne animal y seroit-il privilégié? Les climats chauds sont la patrie des plaisirs & de la société : on y respire une certaine mollesse qui attire tous les individus : on se cherche pour se communiquer son penchant à la joie; & l'imagination y est toujours remplie de ces idées douces que les tableaux charmans & continuels de la nature, dans tout son éclat, varient sans cesse avec un nouvel attrait. En Hollande,

De la Hollande.

les politesses sont aussi froides que le pays. Si vous n'êtes pas riche, on se borne à vous offrir du thé le matin : si vous méritez le respect qu'on y porte à la richesse, vous êtes du nombre choisi pour le prendre l'après-dînée. Quelque recommandé que vous puissiez être, personne ne vous offrira jamais sa maison ; & ces mêmes Hollandais que nos négocians accueillent, logent, fêtent avec tant d'empressement, les laissent sans pitié périr d'ennui dans une auberge. Au reste, la qualité ou la réputation d'homme riche y est si essentielle, qu'il est presque impossible à l'étranger le plus aimable, le plus célebre, le plus doué de tous les talens qui peuvent faire rechercher quelqu'un, de pénétrer dans la société d'Amsterdam s'il est sans fortune. Il est même certain que tout homme dont le nom n'est pas un effet commerçable, s'y appercevra à chaque instant du peu de considération qu'on a pour lui.

Une Hollandaise dont le caractere est

entier, peut gouverner son mari despotiquement. La loi du pays favorise les femmes dans presque toutes les occasions, & la société conjugales y est aisément montée sur le ton de la loi. Ce n'est pas que les femmes n'aient acquis le droit de gouverner tous les hommes, jusques dans les pays où les coutumes les soumettent davantage à nos volontés; mais elles regnent par les armes qui conviennent au sexe doux, par tout ce qui peut intéresser l'amour & flatter l'amour-propre. Les complaisances, les caresses, les larmes, l'emploi des talens & des graces font sur notre cœur une impression d'autant plus délicieuse, que ces artifices charmans sont des aveux de la foiblesse qui doit rendre une femme si chere à un homme sensible; mais rien n'est peut-être plus révoltant que de voir le foible usurper froidement & d'autorité le droit du fort. Quand celui-ci en abuse, il est odieux: quand l'autre y prétend, il est odieux & ridicule.

De la Hollande.

La tranquillité des Hollandaises ressemble beaucoup à la douceur. On ne peut pas dire qu'elles sont douces & bonnes; mais elles ne sont ni dures ni méchantes : elles sont Hollandaises. Leur parler, leur teint, la beauté de leurs traits, leur maintien, tout annonce une créature pacifique & bonne; mais cette bonté n'est pas loin de l'insensibilité. Qu'un homme se casse la jambe devant une porte, comme cela arrive quelquefois pendant les grandes gelées, la maîtresse de la maison le regardera de l'air du monde le plus compatissant & le plus doux : elle voudroit bien que ce malheureux ne se fût pas estropié; mais son ame est muette : rien ne la comprime; rien ne lui donne de l'élan : mais elle ne permettra jamais qu'on transporte le blessé dans son vestibule, dont il pourroit salir le marbre (1). En France, telle

---

(1) J'ai été témoin du fait: j'ai vu aussi un homme bien couvert s'approcher d'une femme

femme qui a des emportemens qu'une Hollandaise prendroit pour de la folie (1); telle de nos élégantes la plus vaporeuse & la plus délicate, la plus douée de ces airs que beaucoup d'étrangeres affectent de mépriser lorsqu'elles ne peuvent se les rendre propres, feroit porter, s'il le

---

honnête, estropiée par une chûte, au milieu de la rue & environnée de peuple, l'interroger pendant qu'on cherchoit une voiture; & sur ce qu'elle ne parloit que Français, sortir de la foule en répondant à quelqu'un qui lui demandoit ce que c'étoit : *ce n'est rien ; c'est une p...... Française qui s'est cassé la jambe.* Voilà ce qu'on n'entendra jamais en France.

(2) En Hollande, & dans presque toute l'Allemagne, on appelle la vivacité Française *folie Française, furie Française*: la promptitude d'un artisan, d'un maréchal, d'un perruquier, d'un maçon qui travaille plus vîte qu'un ouvrier Hollandais ou Allemand, c'est *de la folie, de la furie Française.* Moyennant cette tournure qui leur est favorite, nos qualités sont des défauts, & leur paresse devient une vertu.

falloit, l'estropié dans son lit (& quel lit !) sans la moindre réflexion; & bientôt elle ne se souviendroit de l'aventure que pour en rire comme une folle. Sans goûts, sans passions, sans ardeur pour les plaisirs d'aucune espece, l'Hollandaise a conséquemment des mœurs, de l'ordre, & de tout ce qu'on appelle vertu. Sédentaires sans être laborieuses, la plupart ne font le jour d'autre acte d'existence, que de rester assises cinq à six heures de suite devant une table, les pieds élevés sur une chaufferette, & prêtes à verser du thé à tous ceux qui se présenteront. Avec tout cela elles ont en général le sens droit, & beaucoup d'esprit sans nulle culture; & il ne tiendroit qu'à elles de donner à cette indolence absolue l'air & le ton de la plus sublime philosophie. Il est rare qu'une Hollandaise vous donne de grands plaisirs; mais si vous pouvez la laisser faire, il sera tout aussi rare qu'elle vous donne de grands sujets de peine : & après avoir pris du thé avec vous pendant trente ou quarante ans, elle vous verra mourir sans désespoir quand vous l'auriez adorée, & sans plaisir quand vous l'auriez haïe. On peut conclure de ces observations, qu'un homme froid, maître de lui, & qui estime les choses ce qu'il est très possible qu'elles valent, peut être heureux avec une Hollandaise : elle feroit la torture d'un homme sensible, dont l'imagination vive & tendre sait charmer les momens de notre triste existence, en couvrant sans cesse du voile illusoire du moral le squelette, l'affreux squelette du physique. De tels êtres sont rares dans les Provinces Unies. La sage nature y a fait les hommes pour les femmes; & quand l'organisation de ceux-là seroit plus inflammable, les nuances échapperoient toujours à des hommes que le démon du commerce possede exclusivement.

Si vous en exceptez Amsterdam, la Haie & quelques autres villes, il regne encore en Hollande une simplicité de mœurs, à laquelle on est bien éloigné de croire au dix-huitieme siecle : elle s'est sur-tout conservée dans quelques bourgs & dans plusieurs villages, telle qu'elle étoit il y a trois cents ans. On prendroit pour des fables, ce que je pourrois raconter de l'innocence des filles & des jeunes garçons, & de la bonhommie ingénue de leurs parens. Les anciens patriarches n'ont jamais vécu dans une simplicité plus touchante; & il n'y a nulle apparence que la corruption puisse jamais y être apportée ni par les livres, ni par l'exemple. Cette simplicité si précieuse à bien des égards, tient néanmoins de près à la barbarie; aussi en voit-on quelquefois des traits bien rares. On n'apprendra pas sans étonnement qu'en 1765, une fille bien née, d'une figure charmante, est morte en Hollande, à la fleur de son âge, faute d'un remede : ses parens assemblés déciderent que la famille ne devoit pas souffrir un pareil affront. Un gentilhomme

Allemand y est mort deux ans après, parce que son hôtesse ne voulut jamais permettre qu'un homme déshonorât sa maison en y prenant des bains : il entroit aussi, je crois, dans la délicatesse de cette bonne Hollandaise beaucoup de crainte qu'on ne salît ses escaliers & ses planchers ; attentat auquel les gens de certaines classes sacrifieroient la santé de leurs meilleurs amis, & même leur propre conservation. Pendant la derniere mortalité qui a ruiné tant de paysans, on ne put jamais les déterminer à essayer aucun préservatif : ce fléau étoit, selon eux, une punition de Dieu, & quoique fissent les hommes, les vaches qui devoient mourir mourroient. Ils ne voulurent pas non plus se servir de l'infaillible remede qu'on avoit découvert dans la Flandre Autrichienne (on y tuoit toutes les bêtes). Personne ne seroit surpris de lire ces anecdotes dans l'histoire des Sauvages du détroit de Magellan, & elles appartiennent à l'une des nations les plus policées de l'Europe; mais cette antique simplicité Batave n'existe plus chez les principaux citoyens, & sur-tout dans la capitale. Ils affectent, par exemple, de ne faire aucun cas de la naissance; & leurs carrosses sont décorés d'armoiries les plus honorables. Ils devroient se regarder & se traiter comme des égaux; & ils mettent cependant de grandes distinctions entre telle & telle classe de négocians. Ils étalent dans toutes leurs cérémonies le luxe le plus dispendieux: celui de leurs enterremens est sans bornes. Le bon air est d'enterrer la nuit, parce qu'alors on se sert de lanternes, & qu'il en coûte un gros droit pour chacune. La magnificence consiste à les multiplier: ils se servent aussi de beaux corbillards. Cependant, il faut le dire, rien de plus raisonnable que les funérailles parmi les Hollandais: on n'y chante point: on n'y pleure point: chacun cause avec son camarade en accompagnant le défunt ou la défunte dans sa derniere demeure. Après avoir pris congé du corps par une profonde révérence, on se rend chez le plus proche parent : on y mange : on y boit : on y fume ; & chacun se retire absolument consolé. Cette coutume de boire & de manger après les enterremens doit être fondée sur de très bonnes raisons ; car elle est en usage dans tout le Nord, en Espagne, en Italie, dans l'Inde, en Perse, & dans toutes les peuplades de l'Amérique. Je ne sais pourquoi nous ne l'avons pas encore adoptée.

La populace Hollandaise nous haït, mais il est rare qu'elle nous cherche querelle (1). Sa flegmatique indifférence endort sa haine ; elle veille toujours dans le cœur bouillant de l'Anglais. Le peuple & les matelots Hollandais, même

---

(1) Elle se moque quelquefois de nous ; mais pour peu qu'on soit sorti de la France, on s'accoutume bientôt à ne pas regarder la dérision comme une insulte.

attroupés, prennent rarement garde à nous. En Angleterre, ils nous honorent de leur attention : ceux-ci ne se battent jamais que seul à seul; mais ils attaquent: en Hollande, ils ne sont pas aussi réguliers; mais ils n'attaquent point. Il ne faut pas croire néanmoins que cette populace si tranquille ne sache point entrer dans des accès de fureur : elle se porte au contraire aux plus grandes extrémités. Pendant la derniere révolution, par laquelle elle se préparoit des fers, en forçant les États de nommer un Stathouder héréditaire, un homme de la lie du peuple, faisant troupe devant l'hôtel des États, à la Haie, va sur l'escalier au-devant de M. d'Aloin, vénérable vieillard de quatre-vingt ans, qui connoissoit les vrais intérêts de la patrie : eh bien, lui dit ce fanatique, avons-nous un Stathouder ? Je n'en sais rien, répond le vieillard déconcerté : allons, coquin, ajoute le scélérat en lui appliquant un soufflet, remonte là-haut, &

va dire à tes confreres que si dans une heure le prince d'Orange n'est pas Stathouder héréditaire, nous irons les jetter tous par les fenêtres. Aimable liberté, que vous avez de charmes! C'est dans une de ces assemblées qu'un membre des États, partisan de la maison d'Orange, osa commencer son discours par ces paroles : *La République a besoin d'un protecteur contre un voisin perfide, qui se joue de la foi des traités* (1). Les Hollandais connoissent d'autant moins de bornes dans ces sortes d'occasions, que lorsque les partisans du Stathouderat

---

(1) Ce voisin perfide étoit Louis XV, qui demandoit la paix au milieu de ses victoires, & que les Etats accusoient de mauvaise fois, eux qui ayant solemnellement promis, trois ans auparavant, que les troupes Hollandaises prises à Dandermonde & à Tournai ne serviroient de dix-huit mois, avoient envoyé ces mêmes troupes en Angleterre contre le prétendant, six mois après la signature des capitulations.

De la Hollande. 223

s'expriment avec cette ridicule audace, il entre dans leurs emportemens plus de haine du nom Français, que d'amour de la patrie. Quelques-uns de leurs excès sont connus; d'autres sont ensevelis dans leur langue. Ils en rient en secret, même lorsqu'ils s'en excusent, s'il arrive qu'on leur en demande raison.

Les motifs de la haine de ce peuple qui nous doit sa liberté, & qui nous avoit juré une alliance éternelle, paroissent d'abord difficiles à pénétrer. Si nous voulions les approfondir tous, ce seroit le sujet d'un long ouvrage : nous nous contenterons d'en observer principalement deux.

La populace catholique, qui est la plus nombreuse, nous hait, parce qu'elle nous regarde comme des hérétiques; elle est plongée dans le système ultramontain. Selon l'influence des préjugés qu'on a grand soin de lui inspirer, les libertés de l'église Gallicane ne sont, à ses yeux, qu'un vain nom dont on a voulu colorer un schisme véritable. Tous les catholiques Hollandais frémissent, lorsqu'ils savent que le parlement de Paris ose examiner une bulle du Pape; ils nous égorgeroient en expiation du sacrilege, lorsqu'ils apprennent que la bulle a été lacérée au pied du grand escalier.

La populace réformée conserve ses vieilles impressions, parce que les *ministres du Saint Evangile* sont intéressés à les entretenir. A peine ose-je dire à quel excès ses préjugés lui font pousser l'aveuglement. Entre autres absurdités, elle croit que le prince Stathouder ne voyage pas en France, parce qu'on le tueroit. J'ai quelquefois vérifié ce fait incroyable dans le dix-huitieme siecle. Cela ressemble à un conte de negre; mais cela n'est pas moins vrai. J'avois beau me servir de ce que la raison a de plus démonstratif pour combattre cette folie, on demeuroit toujours convaincu que s'il prenoit malheureusement envie à M. le prince d'Orange de voyager en France,

France, sa vie ne seroit pas en sûreté. Il faut que les personnes intéressées à fomenter la haine de ce peuple, comptent bien sur sa crédulité pour ne pas ménager davantage les vraisemblances : que ne pourroit-on pas opérer avec de l'argent, sur des têtes capables de se repaître de pareilles chimeres ? La constitution tiendroit donc à bien peu de chose parmi cette espece de fanatiques ? On sait qu'entre les anciens réfugiés, quelques énergumenes composerent des libelles affreux contre Louis XIV & contre leur patrie. En général, l'impression faite par ces libelles dure encore : on les lit même aux enfans dans plusieurs écoles. Les propos des *ministres* & des vieux réfugiés, entretiennent aussi cette classe d'hommes dans leur erreur. Ils parlent de ce qui se passoit en France du temps de nos malheureux troubles, comme de choses qui s'y pratiquent encore, & en les exagérant toujours : ils assurent que les réformés qui veulent sortir du royaume, sont obligés de voyager la nuit dans des montagnes escarpées, menés par des guides qui les cachent dans des cavernes. Vous représentez en vain à ces catéchistes infideles que les moyens de fomenter ainsi le zele du parti par la terreur, le fanatisme, la haine & la calomnie, mériteroient punition (1). Sans cesse dans un état de fureur & d'envie, jaloux du clergé de France, dont ils voudroient avoir les bénéfices & les honneurs, & dont ils comparent l'éclat & le pouvoir avec la médiocrité de leur fortune; les *ministres* ne diminuent point d'ardeur, & ne négligent rien de ce qui peut alimenter l'antipathie & la vengeance.

---

(1) Il y a quelques années qu'un pauvre ecclésiastique, qui avoit demeuré à Paris sur la paroisse Saint Roch, apostasia en Hollande. Les *ministres* persuaderent au peuple que c'étoit le curé de Saint Roch qui venoit d'abjurer ses erreurs; & l'apostat flatté ne désabusa personne.

De la Hollande.

Les moines apostats travaillent aussi contre nous avec beaucoup d'acharnement & de succès. On pourroit renverser les manœuvres de tous ces dangereux charlatans, en faisant répandre des mémoires en langue Hollandaise, dans lesquels on exposeroit les faits pour & contre, sans fiel, sans aigreur, & avec l'impartialité de la philosophie. Jusqu'ici les réformés n'ont lu que les ouvrages de quelques fanatiques, qui répondoient par des invectives à des écrits aussi insensés que les leurs; mais la force de la vérité détruiroit bientôt les impressions qu'on a soin de graver de bonne heure dans la tête de ces gens simples & ulcérés. L'aveuglement ne se borne pas même tout-à-fait à la populace; & il n'est rien moins qu'indifférent pour nous de ramener, à certains égards, l'opinion d'une nation voisine, riche & commerçante.

On montre sans cesse nos torts aux jeunes Hollandais : mais pourquoi les *ministres du Saint Evangile* n'ont-ils pas la droiture de leur parler aussi de nos griefs? On leur présente des tableaux affreux des guerres de religion, dans lesquels les catholiques sont toujours agens. Mais pourquoi ne pas leur mettre aussi sous les yeux les cruautés inouies que les protestans ont exercées? Les enfans voient dans les premiers livres qu'ils lisent, que Louis XIV, conduit par l'ambition & par la fureur, a voulu détruire la Hollande: ils chargent leur mémoire de mille détails aussi fabuleux qu'horribles, des prétendus excès que les auteurs de ces libelles imputent à notre soldatesque. Que ne dit-on à ces mêmes enfans; votre patrie doit à la France la consommation du grand œuvre de sa liberté. Pour reconnoître tout ce que les Français firent en faveur de la Hollande, & avant le traité de Munster, & pendant les négociations de ce traité, qui assuroit enfin l'indépendance de la république; vos ancêtres jurerent à la France une amitié éternelle: mais loin de tenir

De la Hollande.

ces engagemens; la Hollande qui devoit encore aux Français l'avantage de jouir des honneurs des têtes couronnées, s'attira bientôt l'indignation de Louis XIV. Etonnés de leur rang & de leur pouvoir, ces nouveaux républicains donnerent ordre à leurs ambassadeurs dans toutes les cours, de tenir une conduite offensante pour ce monarque, qu'ils auroient dû respecter : ils applaudirent aux insolences d'un *Vanbeuningen* : ils dicterent à leurs gazetiers les plus indécentes calomnies : ils firent fabriquer des médailles, dont l'éclat des plus brillans succès ne justifieroit pas l'outrage, & qui deviennent un monument de grossiereté dérisoire, lorsqu'elles sont frappées par une compagnie de marchands, qui commencent les premieres lignes de leurs annales par insulter leurs protecteurs.

Et que seroit-ce de nous, si nos premiers livres élémentaires renfermoient les conférences de Gertrudemberg, où l'avarice, la haine & la vanité mirent si bien en défaut la politique, où les Hollandais n'obtinrent rien pour avoir trop exigé ? Cette époque devroit être d'autant plus mémorable, qu'ils y pousserent l'animosité jusqu'à faire des insultes absolument indifférentes au succès de la négociation : il n'y a peut-être jamais eu de monument plus singulier d'un abus de victoire, & les Hollandais n'étoient pas victorieux (1). Les Anglais & les Allemands qui nous avoient battus, laissoient ces républicains se décerner les honneurs d'un triomphe dont ceux-ci faisoient tous les frais. On dit qu'une

---

(1) Le prince Eugene ne manquoit jamais, en écrivant aux Etats-Généraux qui portoient le faix de la guerre, d'attribuer tous les succès à leurs troupes : il avoit même pour principe de ne jamais convenir d'aucun désavantage. Cette conduite, comme il l'avoue lui-même, étoit nécessaire pour ne pas décourager les alliés. Le bonheur de ceux-ci, & des hommages si nouveaux pour les Hollandais, avoient absolument

nation comme la nôtre ne doit jamais oublier un outrage de cette nature. Il est certain que si les Hollandais avoient connu la véritable hauteur, ce moment de fortune n'auroit point effacé de leur mémoire la reconnoissance & les égards qu'ils devoient à la France. Quelle occasion de gloire s'ils avoient sçu la saisir! comme ils pouvoient être grands! Mais ces riches marchands, peu accoutumés, non pas à vaincre, comme leur disoit l'abbé de Polignac, mais à se croire nos vainqueurs, prirent pour un noble orgueil la grossiereté de leur éducation. Ils affecterent d'opposer la rusticité des paysans, aux manieres & à la politesse

---

tourné les têtes de ces bons républicains. On peut s'en assurer en lisant cette époque de leur histoire; ils s'y peignent comme des demi-dieux, & s'expriment ainsi en parlant de nous : *Ces lâches ont pourtant fait voir quelque courage.... nos soldats eurent bientôt enfoncé ces lâches.... Villars qui ne manquoit pas de cœur... &c. &c.*

de nos négociateurs. Chaque député se crut un Cincinnatus, cachant sous des habits de bure toute la majesté & la fiere simplicité de Rome. Ils ne voyoient pas que pour être grand, le timon d'une charrue à la main, il faut avoir commandé une armée Romaine; & ils ne furent que les aveugles instrumens des alliés, qui étoient très aises de les voir insulter brutalement Louis XIV dans la personne de ses ministres, & qui, dispensés de choquer eux-mêmes toutes les bienséances, rioient aussi de voir les Hollandais s'abandonner, pour leur argent, à ces méprisables excès. Notre animosité contre ces derniers seroit donc plus fondée, si elle portoit sur les raisons qu'on vient d'exposer : mais tous ces griefs n'ont pas laissé en France la plus légere trace. Les trois quarts des Français les ignorent, & le reste les tourne en raillerie.

Nous contribuons aussi quelquefois nous mêmes à entretenir les mauvaises dispositions de ce peuple, & à réchauffer sa haine. Depuis que l'esprit philosophique a fait tant de progrès, nous sommes devenus nos juges les plus sévères; mais cette louable impartialité est souvent poussée trop loin. Nos livres ne retentissent plus que de nos ridicules & de nos fautes; & les étrangers, au lieu de songer à corriger les leurs, au lieu de nous savoir quelque gré de ce que nous nous exécutons ainsi nous mêmes, ne manquent jamais de nous prendre au mot, comme je l'ai déja observé. Ils ne retirent d'autre fruit de ces lectures, que d'avoir de nouvelles raisons de nous haïr en justifiant leurs anciennes opinions. On ne sauroit croire, par exemple, l'impression profonde & terrible qu'a fait l'histoire des Calas & des Syrven, présentée d'une maniere si pathétique & si intéressante par M. de Voltaire. Ces sortes d'écrits, qui operent sans doute d'excellens effets, en produisent aussi d'absolument contraires au but moral que le philosophe doit se proposer. Ils entretiennent les préjugés nationaux, sur-tout lorsqu'un homme célebre fait entendre sa voix aux quatre coins de l'Europe. La chaleur de M. de Voltaire, dont on a peut être trop abusé, a inspiré une haine implacable à un grand nombre de protestans, qui commençoient à dépouiller leur antipathie. Cet homme illustre auroit à la fois servi la France & l'humanité, en n'imputant pas l'affreuse tragédie des Calas aux haines de religion. Ces tristes excès n'ont aucune vraisemblance dans le dix-huitieme siecle, & au milieu d'une ville de mœurs aussi douces que Toulouse. Attribuons-la plutôt aux abus déplorables de notre jurisprudence criminelle, contre lesquels les magistrats les plus integres & les plus éclairés ne cessent de s'élever, & dont la nation demande la réforme aux lumieres & à la sagesse des cours souveraines. L'éloquent *factum* de M. l'Oiseau est encore venu à l'appui des tableaux touchans de M. de Voltaire.

De la Hollande. 235

Lorsqu'on voit un avocat fameux emporté par son zele, tirer d'un fond d'erreur le début le plus sublime; lorsqu'on le voit accuser à tort une grande ville, de célébrer solemnellement le massacre de plusieurs milliers de citoyens, il faut crier aux protestans : gardez-vous du pouvoir de l'éloquence; vous allez prendre d'autant plus aisément l'émotion pour la vérité, que votre ame prévenue va au-devant de la persuasion. L'enthousiasme de l'humanité emporte cet orateur. A Dieu ne plaise que les Toulousains poussent la barbarie jusqu'à consacrer des assassinats par tout l'appareil d'une pompe religieuse ! Ils ne lisent dans leurs annales, l'histoire de ces temps abominables, que pour en détester le souvenir ; car elles leurs apprennent que le vertige étoit général, & que le même esprit de sang qui possédoit les catholiques, tourmentoit aussi les réformés. Après avoir disputé long-temps le funeste avantage d'inspirer le plus d'horreur, nous sommes, disent-ils, parvenus les uns & les autres à être quittes de cruautés, malgré les massacres de Cabrieres, de Merindol & de Saint Barthelemi; mais ce jour qui devroit être effacé du nombre des jours, la puissance d'une cour catholique, & le tendre intérêt qui appartient à celui qui succombe, ont attaché plus d'éclat aux fureurs de notre parti, sans justifier les excès du vôtre. Quand les monumens de l'histoire ne s'éléveroient pas contre les protestans, croyez-vous que des hommes également armés par le fanatisme, ne fussent pas des tigres aussi féroces que les tigres qui vouloient les déchirer? Ces imbéciles monstres cherchoient tous à se détruire pour l'honneur & l'accroissement de leur religion: ils se croyoient tous également à plaindre, s'ils ne fondoient leur église sur les débris de l'église ennemie: mais nous avouons les crimes de nos peres, nous en rougissons; & loin de rougir de ceux des vôtres, loin de les avouer, vous ne parlez jamais que de vos malheurs : quelque affligeants qu'ils soient pour l'humanité, il ne suffit pas d'être pathétique; il faut encore être juste. Pourquoi abuser de la sensibilité de ceux qui ne lisent pas l'histoire, ou qui ne puisent que dans les sources corrompues ? Pourquoi faire saigner une plaie qu'on doit tâcher de guérir? N'avons-nous pas d'ailleurs assez de cruelles vérités à nous dire, sans chercher dans de plus cruelles fictions un aliment éternel à nos barbares folies ? Les habitans de Toulouse n'ont pas plus à se reprocher de fêter le massacre des protestans, que les Hollandais de fêter le massacre des Espagnols en célébrant la délivrance de Leyde. Dans ce siecle d'opprobre & d'ignorance, où nous nous égorgions mutuellement pour savoir comment le Pere commun vouloit être adoré, les protestans, en pleine paix, après un traité solemnel, s'emparent furtivement d'une porte de Toulouse; commandés par Lomagne, Parabere & Lévi, ils fondent au dépourvu sur les catholiques; ceux-ci accoururent chez le maréchal de Montluc, dont je ne prétends pas justifier les violences; on s'arme; on s'assemble; on se bat : & après un choc des plus sanglans, les catholiques renversent & chassent ces perfides agresseurs; & Toulouse célebre tous les ans sa délivrance. Il vaudroit sans doute mieux abolir un usage qui consacre également la honte des deux partis; mais on peut dire qu'il est plus vain que barbare, & qu'il n'est point destiné à remercier Dieu d'un massacre. Un massacre suppose un perfide assassinat, comme celui de la Saint Barthélemi. Ici la perfidie est toute entiere du côté des protestans. Les catholiques ne firent que pourvoir très légitimement à leur défense, & soutenir un combat dont ils sortirent vainqueurs. Il ne faut pas se dissimuler que s'ils avoient été défaits, Toulouse devenoit le théâtre de toutes les abominations dont les cruels humains peuvent concevoir l'idée. Les protestans auroient, suivant leur usage, incendié, violé, pendu, mutilé, écartelé, profané; & commis, en un mot, cet amas de crimes qui leur préparoit de si funestes représailles. Il n'y a donc pas de quoi s'étonner que les Toulousains aient institué une fête en commémoration de la victoire qui venoit de les arracher au sort le plus déplorable; & quoi qu'il fût encore une fois à desirer qu'on effaçât jusqu'aux moindres traces de ces calamités, on ne doit pas employer à grossir injustement les torts du parti catholique, le pouvoir du malheur, & l'intérêt que la révocation de l'édit de Nantes, & les persécutions qui l'ont suivie, ont dû nécessairement inspirer pour les protestans. La premiere éloquence, c'est la vérité.

Les gazettes influent aussi beaucoup sur les opinions des Hollandais. Ces sortes de feuilles sont toujours en grand crédit chez des républicains, parce que chacun se croit obligé de veiller à la

De la Hollande.

gloire & à la sûreté de l'état; mais il n'y a jamais eu de peuple plus sensible au charme des gazettes, que le peuple Hollandais. Qu'on se souvienne des vers du poëte-roi : cette autorité est au-dessus de tous les raisonnemens.

A Cologne vivoit un fripier de nouvelles,
Singe de l'Arétin, grand faiseur de libelles.
Sa plume étoit vendue, & ses écrits mordants
Lançoient contre Louis des traits impertinents.
Deux fois tous les sept jours pour lui rouloit la presse;
Et ses feuillets notés par la scélératesse,
Décorés du vain nom de foi, de liberté,
Etoient lus du Batave avec avidité.
De ce poison grossier le succès fut rapide :
Le peuple & les régens suivant leur nouveau guide,
Ces bons marchands, heureux dans le sein de la paix,
Déclarerent la guerre en haine des Français.

Ils ne sont pas moins faciles à émouvoir aujourd'hui, que sous le regne de Louis XIV; & les gazetiers ne manquent pas de profiter de ces heureuses dispositions. Les folliculaires de Hollande, qui écrivent en langue Française, se donnent les

De la Hollande.

les plus grandes libertés : néanmoins comme ces gazettes sont lues par les ministres étrangers résidant auprès des États-Généraux, & que ces ministres réussisent quelquefois à faire punir les auteurs; c'est dans les gazettes en langue Hollandaise qu'il faut voir la partialité, l'acharnement & l'antipathie dont les gazetiers ne cessent de faire profession, lorsqu'il s'agit des Français. Celles de la derniere guerre de Corse sont un tissu de fables injurieuses à la France. Les auteurs des libelles qui en ont fait le récit, étoient d'autant plus assurés de faire une grande impression sur des républicains, que la liberté étoit le prétexte de cette guerre. Ce grand mot & la haine du nom Français, faisoient recevoir avidement les contes les plus dépourvus de vraisemblance. Aussi les gazetiers ont-ils calomnié, flétri nos troupes & les opérations de notre ministere avec une sorte de fureur; & tandis qu'ils peignoient quelques aventuriers Corses, comme l'antiquité nous peint les héros de la république romaine; tandis qu'ils donnoient à leurs manœuvres tout l'éclat que l'histoire donne aux actions les plus célebres, ils égorgeoient, dans leurs satyres près de quatre cents mille Français, après avoir épuisé l'imbécillité à les couvrir eux & leurs chefs de mille ridicules.

Les feuilles dont nous venons de parler, & une infinité d'autres qui s'impriment en Allemagne, sont les fastes d'après lesquels tout le Nord juge la France & les Français. Si quelque gazette parle de nous avec un peu plus de modération, elle est nécessairement fausse : on la croit un dépôt de mensonges comme la gazette de France, à laquelle les Hollandais & les Allemands assurent qu'on ne doit ajouter aucune foi. On peut cependant être bien persuadé que parmi les recueils d'impostures & d'absurdités, dont l'Europe est inondée, les gazettes de Hollande & d'Allemagne tiennent assurément le premier rang ; mais tous ces papiers sont fort estimés, parce qu'on y dit beaucoup de mal de nous (1).

Il n'est peut être pas inutile d'apprendre comment doit être faite une gazette pour être bonne, pour être vraie, pour faire les délices de nos freres du Nord. En temps de guerre, elle ne doit annoncer que batailles perdues pour nous, que défaites, massacres & déroutes de Français. En temps de paix, tant qu'ils n'y voient pas la disette, le trouble, des malheurs, accablant à-la-fois ce maudit royaume de France, il est évident qu'une telle gazette n'est pas lisible, & que le

―――――――――――――――――

(1) On ne se contente pas de nous baffouer dans les feuilles politiques. Il s'est répandu depuis dix ans en Hollande, en Angleterre, en Allemagne, & dans tout le Nord, un grand nombre d'émissaires gagés pour diffamer & pour discréditer la nation Française. Le fait a été prouvé par l'aveu de quelques-uns de ces honnêtes-gens, auxquels on a trouvé le moyen de faire confesser leurs instructions.

rédacteur n'écrit que des faits controuvés. Quel homme raisonnable ne prendroit pas ce que nous venons de dire, pour le persiflage le plus outré? Il est humiliant pour l'espece humaine que ce soit la vérité toute nue.

D'après ce que nous venons d'exposer, on s'attend bien que les Hollandais ne laissent pas échapper une occasion de nous donner des témoignages de leur mauvaise volonté. Si l'on faisoit traduire ce qu'ils ont inséré dans leurs gazettes, pendant la petite guerre de Corse, dont nous avons fait mention; on ne croiroit pas que ces feuilles diffamatoires aient été imprimées chez une nation alliée de la France. On a déja vu que nos manœuvres politiques & militaires y étoient présentées sous le jour le plus défavorable, tandis que toutes les actions des Corses étoient des exemples sublimes. Les gazetiers faisoient un carnage de nos soldats, qu'on ne peut comparer qu'à celui qu'ils font aujourd'hui des Turcs,

De la Hollande.

lesquels n'entretiennent point de gazetiers. Lorsque nous n'avions plus sous les armes que des patrouilles destinées à poursuivre quelques pelotons de brigands, qui, sous prétexte de défendre la patrie, assassinoient & voloient sur les grands chemins, les folliculaires Hollandais appelloient toujours ces petites rencontres des batailles, où nous perdions trois ou quatre mille hommes; ce qui étoit d'une grande consolation pour tout lecteur anti-gallican. Il y a même aujourd'hui un grand nombre de ces bons républicains qui croient que la guerre de Corse dure encore; qu'un corps de trente mille insulaires armés est toujours rassemblé dans un coin de l'isle, & que malgré notre prise de possession, nous ne laissons pas de perdre deux ou trois batailles par mois. Tout le temps qu'a duré cette petite guerre, les boutiques des libraires de Hollande étoient tapissées d'estampes, dans lesquelles on représentoit une poignée de Corses suivis de leurs femmes, qui chargeoient les fusils, attaquant à bout portant plusieurs de nos bataillons, où l'on voyoit au travers d'un nuage de fumée des rangs entiers de soldats Français couchés sur le carreau, sans que le dessinateur eut voulu permettre que nos gens blessassent seulement un Corse. On n'étaloit plus, on ne vendoit plus que la nouvelle histoire de Corse de M. Boswel. Cet honnête Anglais, enthousiaste de bonne foi, venoit de faire un voyage dans l'isle. Les fauteurs des troubles qui la déchiroient, avoient eu soin de ne pas le perdre de vue pendant toute sa tournée. Transporté du prétendu patriotisme de M. Paoli, enflammé par le cri sacré de la *liberta*, d'illusion en illusion, l'historien vit les choses comme il souhaitoit de les voir; & dans les premiers élans de l'enthousiasme républicain, il composa sous le titre d'histoire, un panégyrique assez médiocre d'ailleurs, & dans lequel il est manifeste que l'auteur n'a connu ni l'état de la Corse, ni les motifs de la guerre civile. Il n'a pas sur-tout la plus légere notion des manœuvres & de la conduite de M. Paoli, sous la dictée duquel il est apparent que l'écrivain Anglais a travaillé : ce qui doit suffire pour donner une idée de la prétendue histoire dont nous parlons, qui étoit devenue un livre classique en Hollande, & que les Hollandais ne manquoient pas de mettre entre les mains de leurs enfans.

Tout le monde sait que le général Paoli a quitté la Corse avant d'être absolument forcé de l'abandonner. Un citoyen qui n'auroit eu pour unique but que de défendre la liberté de l'isle, auroit sçu tirer parti de la position où M. Paoli se trouvoit pour se maintenir encore ; mais ce chef craignoit de compromettre l'argent qu'il avoit amassé. On imprima en Hollande qu'il s'étoit embarqué dans un navire Anglois, à la vue de plusieurs de nos vaisseaux, qui n'avoient pas osé, selon l'usage, s'opposer à sa fuite. La vérité est que ses troupes venant d'être

Q 4

défaites, la seule fois qu'elles eussent sérieusement combattu de pied ferme, il se hâta d'échapper pour mettre sa fortune en sûreté. Il n'ignoroit pas les dispositions du peuple de Hollande : il y alla jouir de sa gloire, & afficher la persécution & le malheur. L'empressement & la curiosité des Hollandais est plus facile à imaginer qu'à peindre. Ils investirent l'auberge de M. Paoli : toute la ville lui rendit visite; on le suivoit; on le louoit; on le chantoit; on le plaignoit; & ils étoient si mal instruits, qu'on parloit déja d'une souscription en sa faveur. Apparemment qu'il prévint lui-même le ridicule d'une aussi indécente farce. Quelques-uns de ses compagnons ont eu besoin de cette cruelle ressource. Après avoir rempli les gazettes de leurs noms, ils n'avoient point d'habit : après avoir exposé tous les jours leur vie, pour servir l'ambition de leur chef, ils ont été obligés d'accepter une quête en Hollande, tandis que M. Paoli avoit mis de grosses

De la Hollande.

sommes à couvert. Les Hollandais avoient pris un si grand intérêt à cette guerre, que tous ceux qui avoient été témoins de leurs transports, ne doutoient pas qu'ils ne donnassent à ces héros de la liberté quelque témoignage éclatant de leur estime : mais on vit bientôt qu'il étoit entré dans leur enthousiasme plus de haine pour nous, que d'admiration pour les Corses; que ceux-ci leur étoient beaucoup moins chers, que nous ne leur sommes odieux; que ces républicains ne les caressoient que pour nous insulter, & que l'argent est toujours l'idole privilégiée en Hollande. Ces brillantes souscriptions produisirent à peine cinquante louis. Il est bien dur & bien affligeant d'avoir cherché de bonne foi la gloire, de l'avoir méritée peut être, & d'être réduit à une aussi affreuse récompense.

Dans les premiers momens de la joie tumultueuse qu'inspiroit la présence de M. Paoli, il fut aisé de faire quelques remarqués, qui ne sont pas indignes d'attention, puisqu'elles servent à développer les inclinations des Hollandais, & quelques traits du caractere de leur héros. Leur étonnement fut prodigieux à l'arrivée du capitaine Corse. D'après les fables de leurs gazettes, ils s'étoient peints cet insulaire défendant les rochers de son isle, comme une espece de huron furieux qui cherche à s'abreuver du sang Français. Ils s'attendoient à voir un guerrier défiguré de cicatrices, & couvert d'un habillement aussi terrible que sa contenance. Leur surprise tint de la stupidité, lorsqu'à la place du fantôme redoutable que leur haine avide de nous créer des dangers avoit élevé dans leur imagination, ils virent un homme poudré à blanc (1), mis comme tout le monde,

---

(1) On se moque encore en Hollande de tous les gens qui sont frisés : on s'assemble autour d'un homme qui porte son chapeau sous

& de l'extérieur le plus doux & le plus honnête. C'en étoit fait de sa renommée, s'il avoit été Français. L'estime des Hollandais n'auroit pas résisté à une aussi forte épreuve; & assurément si l'un de nos officiers généraux s'étoit montré en Hollande avec les mêmes dehors, les risées auroient été universelles, & tous les beaux esprits d'Amsterdam auroient accablé la nation Française d'un torrent de grosses épigrammes : mais comme M. Paoli venoit de nous faire la guerre, les Hollandais ne voyoient rien en lui qui ne fût digne de leurs hommages. Il étoit du bon air d'aller le voir tous les matins. Quelqu'un lui parla des affaires de Corse. Il fit de grands éloges de M. de Marbœuf, & témoigna une violente humeur contre M. de Vaulx. On

---

le bras : on hue ceux qui se servent de parapluies. Les Hollandais trouvent également étrange qu'on ait soin de ses cheveux, & qu'on ne veuille pas se mouiller.

n'épargnoit pas les Français devant lui; & il se prêtoit volontiers à tous les sarcasmes des Hollandais. Cette petite vengeance étoit très permise; mais elle n'avoit rien de commun avec la conduite des grands personnages de l'ancienne Rome, auxquels les écrivains Hollandais ne cessoient de comparer M. Paoli, en vers & en prose. Il n'y a sur-tout nulle apparence que les Scevola, les Camille, les Decius, les Brutus, eussent autorisé la pasquinade qu'on va lire. M. Paoli avoit à sa suite un très jeune Corse, qu'on disoit être de ses parens. Cet enfant portoit dans ses poches cinq ou six croix de Saint Louis, qu'il montroit à tout moment comme des trophées. On connoît l'art des Italiens pour embellir les plus minces sujets de la voix & du geste. Celui-ci faisoit mille contes plus absurdes les uns que les autres; & jamais *le petit Poucet* n'avoit eu des aventures plus extraordinaires. Ces récits merveilleux étoient les délices des auditeurs. M. Paoli y mêloit quelquefois un mot, un signe d'adhésion ou d'ironie; & les Hollandais étoient dans l'enchantement de tant de prodiges opérés contre nous par ce petit héros. Ce qu'il y avoit de plus risible, c'est que personne ne s'avisoit de penser que les Corses n'étant pas dans l'usage de nous approcher à la guerre, on avoit sans doute donné à cet enfant quelques croix pillées à des officiers morts ou blessés, avec leur bourse & leur montre. Chacun croyoit ce petit Corse paré des dépouilles de plusieurs chevaliers de Saint Louis, qu'il avoit pourfendus. Cette maniere d'acquérir une collection de croix, paroissoit aux Hollandais bien plus naturelle que l'autre; & ils alloient raconter à leur famille, *comme quoi il y avoit* un enfant Corse qui arrachoit la croix à tous nos chevaliers, après les avoir traités comme ils méritent de l'être. C'étoit ainsi que ces bons républicains profitoient de leur mieux du séjour de M. Paoli à Amsterdam, pour nous donner des témoignages non équivoques de leur antipathie; tandis qu'en Angleterre on avoit mis depuis long-temps, à sa juste valeur, le prétendu patriotisme de M. Paoli. Quel contraste de cette conduite des Hollandais avec celle qu'ils tinrent à l'égard des Corses en 1740 ! Lorsque le baron de Newhof, élu roi de Corse du consentement des peuples, passa en Hollande pour y chercher du secours, il y fut couvert d'opprobre, & les Hollandais donnerent à la nation Corse les plus grandes marques de mépris.

Parmi les monumens où se trouve consacrée la haine du nom Français; parmi les hommages rendus à M. Paoli, en Hollande, nous distinguerons ceux d'un célebre Hollandais. Il y a dans l'*athénée* d'Amsterdam un professeur qui se fait appeller *Burmanus secundus*, lequel a fait une prodigieuse quantité de vers latins. Lorsqu'il apprit que, sans aucun égard pour ses systêmes politiques, la

De la Hollande. 255

France venoit d'accepter la Corse, il tomba au milieu de sa classe dans un si terrible accès de colere, qu'on craignit pour sa vie. Une crise violente opéra heureusement son salut; & la nature se soulagea par un déluge de vers que ses écoliers recueillirent, & qui furent adressés en forme de poëme à M. Paoli, dans son isle. Cette piece est une satyre indécente de la France & de ses opérations, & un panégyrique continuel des Corses. Nous y sommes traités avec une fureur, avec un mépris, auquel tous les Français qui savent le latin doivent avoir été bien sensibles. M. *Burmanus secundus* commence son poëme par ne mettre aucun intervalle entre son héros & les héros qu'ont fait l'étonnement de l'antiquité. Pour concevoir le ridicule outré de ce parallele, il n'y a qu'à se peindre M. Paoli tel qu'il a dû paroître à tous ceux qui ont voulu le juger. Ce chef n'a jamais eu que les qualités d'un intrigant; il n'a point celles d'un politique. A la tête d'un parti trop misérable pour secouer son joug, il a fait servir les troubles intestins à la ruine des familles de ses ennemis, & à la destruction successive de ceux qui savoient le pénétrer. Ni capitaine, ni soldat, il seroit peut-être au-dessus de ses forces de commander deux cents hommes. On ne l'a jamais vu s'exposer au danger, & il faisoit la guerre comme un grand prince, au lieu de la faire comme un aventurier, tandis que plusieurs de ses vaillants compagnons bravoient tous les jours la mort. A le juger par sa conduite, on diroit qu'il ne s'est mêlé des affaires de la Corse, que pour consommer à son profit la ruine de sa patrie. Au moment où les peuples de l'isle, armés par son ambition, étoient plongés dans la plus affreuse misere, on le soupçonnoit de faire acheter les denrées du pays avec des monnoies de billon fabriquées à Livourne, & de les faire transporter dans cette ville, où ses associés vendoient avantageusement.

Après

De la Hollande.

Après son dernier échec, il avoit encore des troupes & de l'argent des victimes de Londres ; & au lieu de faire les derniers efforts qu'on attend d'un citoyen qui veut s'ingérer de défendre ses foyers, il a abandonné ses soldats pour mettre sa fortune en sûreté. Voilà le particulier dont M. *Burmanus secundus*, & quelques enthousiastes ont voulu faire les héros du siecle.

Le tableau de nos manœuvres illicites, le détail de nos défaites journalieres, suivent de près le magnifique préambule du professeur Hollandais. Il nous prodigue les épithetes de lâches, de traîtres, de tyrans (1) : tous les chefs

_____

(1) C'est sa maniere favorite : il appelle dans un de ses ouvrages, l'auteur Anglais d'une histoire universelle, qui n'étoit pas de son avis, *ferocem Anglum*. Cette humeur irascible est une infirmité de famille. *Burmanus primus*, pere de celui-ci, qui a commenté avec succès presque tous les poëtes Latins, n'écrivoit jamais qu'avec des mouvemens de fureur.

R

Corses sont habiles; leurs soldats sont autant d'Alexandres, & tous nos généraux sont des ignorans qui commandent des poltrons. La vue d'un seul Corse renverse des régimens entiers: c'est un carnage de Français, qui prouve que M. *Burmanus secundus* n'entend pas raillerie à la guerre; & le poëme jonché de morts & de mourans, représente la Corse comme un goufre, dans lequel toutes les troupes de France viennent successivement s'abîmer. Au milieu de tant d'horreurs, couvert de sang & de poussiere, M. *Burmanus secundus* est forcé de prendre haleine: il entrevoit cependant malgré lui, de dessus son trépied, que la valeur héroïque des Corses pourroit à la fin être accablée sous le nombre. Personne n'imagineroit assurément les motifs de consolation qu'il se prépare, dans le cas où à force de perfidies, de menées, de séduction & de crimes, les armes du roi obtiennent quelques succès. Il espere que les maladies contagieuses se répandront sur nos troupes, que le mauvais air de la Corse & les plantes empoisonnées feront couler la mort dans les veines de nos soldats, & que les couleuvres, les serpens & tous les reptiles venimeux de l'isle, s'uniront pour achever de détruire les scélérats de Français échappés à la peste. On pardonneroit ces homicides vœux à un docteur en médecine; mais un philosophe, un poëte, un professeur d'éloquence, souhaiter la peste à ses voisins! Il faut convenir que cela supposeroit un besoin urgent de remedes. M. *Burmanus secundus* eut à peine fait imprimer sa diatribe, que tout le monde voulut la lire : on la trouvoit sur les tables de toutes les maisons; les femmes se la faisoient expliquer, & tous les Hollandais remercioient Dieu de leur avoir donné un aussi grand poëte.

Il parvint à notre ambassadeur en Hollande, qu'un professeur de l'athénée d'Amsterdam désapprouvoit la conduite du roi, dans un ouvrage où il auroit été possible au professeur de l'athénée de déduire les raisons qu'il avoit pour n'être pas de l'avis de Sa Majesté, sans lui manquer de respect, & sans insulter toute la nation. Après avoir lu le poëme, autant que faire se peut, ce ministre fit représenter aux magistrats d'Amsterdam, que si le malade vouloit se mêler des affaires du roi, au moins devoit-il attendre d'être sain de corps & d'esprit; & qu'il étoit bien plus à propos de s'occuper du soin de le guérir, que de lui laisser faire des vers latins. Les magistrats répondirent apparemment qu'il y seroit pourvu; & M. *Burmanus secundus* continua de répandre son poëme aussi long-temps qu'il le jugea convenable.

Après un début si véhément, qu'on juge des transports de notre professeur, lorsqu'il vit M. Paoli de ses deux yeux. Il alla embrasser les genoux du capitaine Corse, le conjura d'honorer sa maison de sa présence, le fit servir à table par ses enfans, & lui rendit une espece de culte. Sur ces entrefaites, M. Paoli se laissa peindre. On voulut livrer l'effigie du héros à l'avidité des amateurs; on le grava. M. *Burmanus secundus*, toujours agité de la gallophobie, n'eut garde de laisser échapper une si belle occasion. Il se souvenoit combien les plaintes de l'ambassadeur avoient été sans conséquence; & il se mit à composer huit vers latins, qu'il envoya au peintre qui présidoit à la gravure de M. Paoli, en le priant de les faire graver au bas de l'estampe. Le peintre, qui étoit Français, renvoya avec indignation, à M. *Burmanus secundus*, ses mauvais vers : les voici.

Hos oculos, viva ductam que ab imagine formam
   Pascalus artifici Paulus in ære gerit.
Spirat in heroo virtus bene conscia vultu,
   Et libertatis, Corsica, cura tuæ.
Horret ad intuitum tabulæ confusa tyrannis,
   Et pudet à tanto ferre tropea viro.
Hanc faciem populis ostende Batavia nostris,
   Magnanimi que ducis facta imitanda refer.
         Petrus Burmanus secundus.

On devoit lire autour du médaillon :

Pascalus Paulus summus Corsicanorum rei-bellicæ præfectus.

Cette anecdote fut publique. Les magistrats apprirent, comme les autres, que le peintre Français avoit réfusé les vers de M. *Burmanus secundus*, parce qu'ils étoient injurieux à la France : mais ce professeur, toujours rassuré par le peu de compte qu'on avoit tenu des premieres plaintes, ne voulut pas en avoir le démenti ; il fit graver un Paoli exprès : & sous les yeux des magistrats dont il sembloit braver l'autorité, il inséra dans son estampe, les vers latins qu'on vient de lire.

Je passerai sous silence plusieurs autres traits non moins dignes de remarque. Pendant le séjour de M. Paoli en Hollande, chaque instant ouvroit quelque scene, par laquelle on pouvoit juger de l'amitié que les Hollandais nous portent. Il laissa ces bons républicains dans l'enchantement de toutes ses vertus ; & il partit pour Londres, où les Anglais ne

De la Hollande.

le virent pas du même œil. L'impression qu'il avoit faite en Hollande duroit encore long-temps après son départ. Un fripon Italien sçut profiter habilement de l'enthousiasme des Hollandais ; il parut à la Haie sous le nom supposé d'un capitaine Corse ; il s'introduisit dans le café militaire, où il passoit la journée à raconter des faits d'armes aux officiers qui faisoient cercle autour de lui. Ce n'étoit que Français massacrés, bataillons en déroute devant une poignée de Corses, la terreur, l'épouvante, le déshonneur de nos troupes ; tandis que les insulaires exécutoient à notre honte des entreprises plus merveilleuses les unes que les autres, & dignes des Amadis & des Rolland. Les officiers Hollandais, au lieu de chasser cet imposteur, prenoient le plus grand intérêt à ses fables ; ils mêloient leurs épigrammes au journal de l'Italien ; ils l'honoroient, le caressoient, & lui témoignoient beaucoup de considération. Lorsque cet invincible chevalier vit les esprits bien échauffés, il profita de l'effet de son éloquence pour obtenir une souscription, & il disparut avec l'argent des rieurs. Ce qu'il y eut de singulier, c'est que le chef Corse, dont cet escamoteur avoit pris le nom, arriva peu de temps après à la Haie : il trouva cette aventure plus comique qu'elle ne le parut aux officiers désabusés par sa présence.

Nous ne croyons pas hors de propos de mettre ici le lecteur à portée de juger sainement le héros des Hollandais, en lui présentant une apperçu de la guerre de Corse, de laquelle il est impossible de prendre de justes notions, au milieu des impostures que les gazetiers ont accumulées dans toutes les langues. Nous allons donc esquisser rapidement un précis de cette petite guerre; car on ne doit pas s'attendre aux détails des nombreuses & diverses embuscades, dans lesquelles les Corses, cachés derriere des rochers inaccessibles, fusilloient sans le moindre danger des postes avancés, des patrouilles & des passans. Ce n'est pas que plusieurs de nos officiers n'aient quelquefois tenté de gravir ces repaires escarpés, d'où ils ont toujours délogé les Corses, lorsqu'ils ont pu les approcher: mais ces petits combats n'avoient aucune influence sur les opérations de la campagne. On se bornera donc à parler de ceux qui peuvent donner à cette expédition les attributs d'une guerre.

Le marquis de Chauvelin avoit sous ses ordres environ douze mille hommes; mais ils n'étoient pas suffisans pour soumettre l'isle. Ce général y étoit arrivé au mois d'août 1767; & il fixa le 5 de septembre pour l'ouverture de la campagne.

Une partie de son armée marcha sur trois colonnes; celle de la droite étoit aux ordres de M. le comte de Wargemont, colonel de la légion de Soubise: M. le marquis d'Arcambal commandoit celle du centre, & M. le comte de Coigny la colonne de gauche. L'objet étoit de reconnoître la véritable position du général Paoli.

La colonne de droite devoit se porter sur le Nebbio, laissant à sa gauche Olmetta & Oletta, qu'un détachement de cette colonne, aux ordres de M. le chevalier d'Ampus, étoit chargé d'attaquer.

Celle du centre devoit occuper les hauteurs intermédiaires entre Olmetta & Bigoulia; & celle de gauche devoit attaquer tous les postes qu'elle trouveroit depuis les hauteurs jusqu'à la mer. Un coup de canon du détachement d'artillerie qui étoit à la colonne de droite, devoit avertir qu'elle se trouvoit à portée & au-delà d'Olmetta, se dirigeant sur Vallecalde, & servir en même temps de signal d'attaque aux deux autres colonnes: mais les Corses avoient abandonné tous les points pour défendre celui de Vallecalde & le Nebbio. Ils s'étoient réunis au nombre de plus de six mille hommes; & leur projet auroit réussi sans les dragons de la légion de Soubise, qui les repoussèrent, & sans la piece d'artillerie du parc, qui répandit la terreur parmi les Corses. M. le comte de Wargemont en profita, malgré le peu de troupes qu'il avoit à ses ordres; il força les ennemis de se retirer, & s'empara non-seulement de la province du Nebbio, mais encore de tous les postes des hauteurs de Muratto, San-Nicolao & Vallecalde, où il se soutint, après en avoir chassé les ennemis. Sa perte fut de vingt-neuf hommes tant tués que blessés, parmi lesquels sept officiers. On ne put connoître celle des Corses, parce qu'ils emportèrent leurs morts.

Le corps d'armée marchoit sous les ordres de M. le comte de Marbeuf & de M. le comte de Narbonne; il ne se porta que dans la plaine au-dessous de Bigoulia, & resta en panne jusqu'à la nuit, que l'armée rentra dans son camp.

Cet avantage ayant décidé le marquis de Chauvelin à faire une marche par sa droite, pour se porter en avant, il ordonna un camp sur la partie de San-Nicolao, desirant se rendre maître des débouchés du Golo & de la province de la Balagne. M. le comte de Wargemont fut chargé d'établir ce camp & de le commander: il étoit composé de la légion de Soubise, de deux bataillons de Royal-Roussillon, deux d'Eptingen, & d'une brigade d'artillerie. Les Corses ayant pris ombrage avec raison de cette position, & voulant la reconnoître, se réunirent pour une attaque. Ils s'emparerent d'un poste retranché au débouché du village de Lento, après une action assez vive; mais M. de Wargemont les en chassa, rétablit ce poste, & le garnit de cent cinquante hommes qui s'y soutinrent.

Toujours alarmés de la position de nos troupes, les Corses se rassemblerent le lendemain en très grand nombre, pour forcer le camp de San-Nicolao, & faire ce qu'ils appellent une attaque générale.

Ils commencerent par le couvent de Muratto, dans lequel il y avoit cent cinquante convalescens, aux ordres d'un capitaine de Royal-Roussillon : les Corses enleverent ce poste après deux heures de combat.

Ce petit avantage & la marche générale des ennemis ayant donné de l'inquiétude au marquis de Chauvelin, il envoya l'ordre à M. de Grandmaison, qui étoit malade à Saint-Florent, de se transporter au camp de San-Nicolao, pour faire retirer les troupes pendant la nuit ; ce qui fut exécuté malgré l'avis de M. le comte de Wargemont & des officiers supérieurs du camp, qui étoient tous persuadés que la position étoit excellente; & que si on se déterminoit à la quitter, il falloit le faire en plein jour, pour en imposer aux ennemis, en se dirigeant sur les hauteurs qui conduisent à Muratto ; marche qui donnoit tout l'avantage, ou porter deux ou trois bataillons à Muratto & autant à Olmetta, pour se soutenir réciproquement : mais on étoit si frappé du souvenir que lorsque les Impériaux étoient les maîtres de l'isle, les Corses avoient fait mettre bas les armes à un corps de quinze mille hommes, & les avoient faits prisonniers, qu'on craignoit de s'exposer à la même honte.

Les troupes se replierent donc sur Olmetta : l'infanterie de la légion Royale portée en avant, occupoit le village de Borgo : les Corses l'attaquerent en forces ; le marquis de Chauvelin marcha pour la dégager : mais le découragement se répandit dans l'armée, & la légion fut obligée de se rendre prisonniere le troisieme jour. On ne jugea plus possible de faire aucune tentative, & l'on se borna à s'occuper des quartiers d'hiver, qui furent établis à Bastia, à Saint-Florent & dans tout le cap Corse.

Il ne se passa rien pendant cette saison, qu'une attaque que les Corses entreprirent sur Barbaggio, entre Saint-

Florent & Bastia. Ils y surprirent un bataillon Suisse qu'ils firent prisonniers; mais M. le marquis d'Arcambal instruit de l'attaque, marcha contre les Corses, reprit le bataillon, & les repoussa.

Peu de temps après, le marquis de Chauvelin ayant été rappellé, M. le comte de Vaulx fut nommé pour le remplacer, avec onze bataillons de renfort. Les deux légions de Soubise & de Lorraine furent portées à neuf cents cinquante hommes chacune: cette derniere qui étoit aux ordres de M. de Viomesnil, remplaçoit la légion Royale, dont la cavalerie repassa en France.

M. le comte de Vaulx s'étoit rendu dans l'isle les premiers jours d'avril 1768. Les troupes de renfort l'avoient précédé. L'armée se réunit, & campa à Saint-Florent & à Bastia. Le 3 de mai fut indiqué pour faire une marche en avant sur Olmetta, où M. le comte de Vaulx établit son quartier général; & toute l'armée y campa en front de bandiere.

La journée du 4 fut employée à faire plusieurs reconnoissances, & à diriger les points d'attaque pour le lendemain.

Les Corses occupoient toutes les hauteurs où ils se croyoient inexpugnables, d'après les succès de la campagne précédente : le 5 fut le jour fixé pour l'ouverture de celle-ci.

M. le marquis de Bouflers eut ordre de marcher sur la Balagne, & M. le marquis d'Arcambal, de commander les troupes qui formoient l'avant-garde.

M. le comte de Marbeuf & M. le baron de Viomesnil marchoient sur Bigoulia, & sur toute la partie de Mariana.

Enfin, le corps d'armée commandé par le général, marchoit sur trois colonnes. La premiere ayant la légion de Soubise à sa tête, se dirigea sur Vallecalde, Muratto & San-Nicolao : celle du centre, dont la tête étoit formée par des grenadiers & des chasseurs, s'avançoit sur Sopano; & celle de gauche, les volontaires de l'armée en tête, marchoit sous les ordres

ordres de M. le chevalier de Viomesnil, aux hauteurs de Dorlaté, Campitelo & San-Nicolao, qui étoit le point de campement de l'armée réunie.

Il étoit impossible que les Corses, & même les troupes les plus aguerries, pussent soutenir une attaque aussi bien combinée, & dirigée par un général tel que M. le comte de Vaulx, l'un des premiers hommes de guerre de France, qui joint à une grande capacité le sang-froid le plus à l'épreuve, & la confiance absolue des soldats.

Tous les officiers de l'armée ne paroissoient occupés qu'à mériter le suffrage du général; mais ceux qui avoient fait la derniere campagne, connoissoient mieux le pays. M. le marquis d'Arcambal & M. le comte de Wargemont étoient de ce nombre; aussi leurs colonnes firent-elles des progrès plus rapides. Le genre de combat propre à ces pays montagneux leur étant plus familiers, ils réussissoient sans perte à déloger les ennemis de tous

S

leurs postes, & leur tuoient beaucoup de monde.

M. le marquis d'Arcambal se porta jusques sur Petralba, & M. le comte de Wargemont jusques sur Lento, où il prit poste avec l'infanterie de la légion & une compagnie de chasseurs, aux ordres de M. le chevalier de Chamisot : cet officier plein de valeur & d'intelligence, s'étoit réuni à la légion de Soubise au moment de l'attaque de la chapelle de San-Nicolao ; il en avoit facilité la prise : ce qui avoit déterminé M. le comte de Wargemont à se porter au point de Lento, poste des plus importans, & que le général n'avoit pas eu le projet d'attaquer ce jour-là, en connoissant toutes les difficultés ; mais M. le comte de Wargemont avoit, par ses manœuvres, prévenu les desseins de M. le comte de Vaulx, qui étoit bien éloigné de croire nos troupes si avancées & postées aussi avantageusement.

Le général étoit occupé à déterminer

l'emplacement que l'armée devoit prendre pour son camp, lorsque M. le comte de Wargemont arriva pour lui faire le détail de la journée. Il reçut de M. le comte de Vaulx les complimens les plus flatteurs; & dès ce moment il acquit toute sa confiance pour les opérations de la campagne. M. le comte de Wargemont ne laissa pas échapper l'occasion de rendre compte au général de la valeur & de la bonne conduite des officiers qui avoient combattu avec lui. De ce nombre étoient MM. le marquis & le vicomte de Laval, MM. le marquis de Vaubarel & de Langeac, aides-de-camp du général; M. le comte de Guibert, M. le duc de Lauzun, aides-majors généraux. Ce dernier avoit fait la campagne précédente en qualité d'aide-de-camp du marquis de Chauvelin : il s'étoit trouvé à toutes les actions de guerre, & y avoit toujours développé autant d'ardeur & de zele que de sang-froid.

L'armée étoit campée dans la plaine

de San-Nicolao, & le quartier général avoit été établi dans la chapelle.

Les deux marches de M. le marquis de Bouflers par la droite, & celle de M. de Marbeuf, par la gauche, s'étoient exécutées en même temps; & ces deux officiers généraux avoient eu le même succès. La journée du 6 fut employée à faire reconnoître le pays par des patrouilles & des pelotons. Un petit détachement de la légion de Soubise s'empara d'une piece de canon, que les Corses avoient transportée à Lento, & qu'ils abandonnerent à l'approche de nos troupes.

Cependant M. le comte de Vaulx avoit reçu, dans la journée, des avis très différens sur les forces des ennemis, & voulant s'assurer de la vérité avant de faire faire un mouvement à l'armée, il manda M. le comte de Wargemont, à minuit, pour connoître ce qu'il avoit de Corses devant lui : on avoit rapporté au général que ceux-ci avoient porté plus de douze mille hommes sur la partie de Lento. Les rapports étoient souvent exagérés par plusieurs personnes, qui affectoient de grossir les difficultés pour attacher plus d'importance à leurs opérations.

M. le comte de Wargemont avoit fait ses preuves dans la derniere guerre d'Allemagne, où il avoit servi avec la plus grande distinction : y ayant commandé en chef des corps de troupes légeres considérables, il avoit eu plusieurs affaires brillantes & heureuses, & ne pouvoit regarder l'expédition de Corse que comme une petite guerre. Il s'en expliqua avec franchise au général, qui lui faisoit l'honneur de le consulter; il l'assura que d'après des rapports sur lesquels il avoit lieu de compter, les Corses ne devoient pas avoir porté plus de mille hommes sur la partie de Lento; & il s'engagea à en chasser les ennemis, en quelque nombre qu'ils fussent, si M. le comte de Vaulx vouloit seulement le renforcer des grenadiers & des chasseurs d'Eptingen, ce qui lui fut accordé : il partit en assurant le général qu'il seroit maître de toutes les hauteurs de Lento avant sept heures du matin. L'ordre fut donné à l'armée de marcher, à la pointe du jour, vers ces hauteurs; & à l'instant convenu où elle y arriva, M. le comte de Wargemont s'en étoit emparé : il se porta en avant, sans délai, jusques sur celles de Poggiola, d'où il marcha au Ponté-Novo, sur le Golo, balayant tout le pays, & forçant les Corses d'abandonner tous leurs postes.

Se voyant maître de ce débouché, qui ouvroit la route de Corté, M. le comte de Wargemont présuma que le général feroit marcher l'armée plus en avant. Il s'établit dans son poste, en envoyant prendre les ordres de M. le comte de Vaulx, qui lui fit répondre qu'à cause des subsistances, il étoit obligé de rester quelques jours dans son camp avant de faire des mouvemens; qu'il faisoit camper l'armée sur Lento; qu'il lui laissoit la liberté de prendre la position qui lui paroîtroit la plus convenable; & que le quartier général seroit établi à Lento même. D'après ces dispositions, M. le comte de Wargemont prévenoit le général qu'il alloit le couvrir, en occupant avec son infanterie la montagne à côté, tandis que ses dragons seroient appuyés à la droite de l'armée, derriere cette montagne.

M. le marquis de Marbeuf s'étoit avancé sur Mariana, & M. le marquis de Bouflers étoit entré dans la Balagne.

Les Corses virent bien qu'ils devoient songer à la plus sérieuse défense. Ils fixerent la journée du 8 pour se rassembler, & pour tenter une attaque générale. Ils avoient passé le Golo sur plusieurs ponts, & s'étoient avancés sur celui appellé Ponté-Novo. Le général Paoli y avoit réuni ses forces, & porté en avant une réserve de quatre mille hommes des plus aguerris. Tout son monde avoit longé la rive gauche du Golo, pour s'avancer sur Poggia & Vignalé, & en pénétrant par ces deux points, se porter ensuite sur les devants de l'armée & sur nos communications. C'étoit la manœuvre la plus dangereuse pour nous, que les ennemis pussent entreprendre; quoique les dispositions de M. le comte de Vaulx fussent importantes, & qu'elles auroient dû empêcher les Corses de risquer une affaire aussi décisive.

Ils attaquerent sur les neuf heures du matin les volontaires de l'armée qui couvroient la gauche, soutenus par la brigade de Normandie. Les ennemis s'y porterent avec assez de forces pour faire perdre du monde & du terrain aux volontaires; & leur feu redoubloit, parce qu'ils étoient renforcés successivement. M. le comte de Wargemont qui voyoit de son camp tou[...]eurs manœuvres, remarqua que les Corses ne s'occupoient que de leur droite : il fit part de cette observation à M. de Bourcet, lieutenant-général de jour, qui se portoit à cette attaque. M. de Bourcet lui ayant demandé son avis, il lui répondit qu'il falloit marcher droit au pont par le Monte-Tenda, & attaquer vivement les Corses pour les couper: il ajouta qu'il s'en chargeoit, si on vouloit lui donner deux cents hommes de plus: M. de Bourcet lui accorda les grenadiers & les chasseurs du régiment de Champagne.

Aussi-tôt M. le comte de Wargemont fit marcher ces grenadiers, ces chasseurs & son infanterie par sa droite, en envoyant seulement cinquante hommes pour éclairer le revers de la montagne, & pour empêcher qu'on ne le tournât. Après avoir disposé sur plusieurs colonnes les troupes qu'il avoit à ses ordres, il descendit directement sur le pont, en observant que les têtes de ses colonnes ne se dépassassent point. Il commanda de ne pas tirer, mais d'attaquer la bayonnette au bout du fusil: ce qui fut exécuté avec la plus grande impétuosité par les deux cents grenadiers ou chasseurs du régiment de Champagne, & par l'infanterie de la légion de Soubise. Cette petite troupe si inférieure en nombre, entreprenoit de forcer plus de quatre mille hommes qui défendoient la tête du pont, & qui attendoient le succès de l'attaque contre les volontaires de l'armée, pour déboucher & pour en faire une avec avantage, la nuit, sur notre droite. Si M. le comte de Wargemont n'avoit pas ordonné de charger à l'arme blanche; il étoit perdu, puisqu'il avoit à essuyer le feu d'un ennemi quatre fois plus fort en nombre, que les Corses étoient reposés & retranchés, & qu'ils auroient tiré sur ses troupes comme au blanc; tandis que les nôtres auroient été contraints de faire feu en marchant, & sur des ennemis couverts.

Les approches furent sanglantes. M. le comte de Guibert, avide de toutes les occasions d'éclat, n'avoit pas laissé échapper celle-ci. Le chevalier de la Lauméry, officier dans la légion de Soubise, fut tué en débouchant sur le pont, entre M. de Wargemont & M. de Guibert : le chevalier de Ségur, capitaine dans le même corps, tomba à leurs côtés, ainsi qu'un sergent & deux grenadiers de Champagne, & trois de la légion de Soubise. Bientôt les Corses, malgré la supériorité du nombre, ne purent résister à la valeur & à l'impétuosité de nos troupes, à qui l'exemple de leur chef faisoit faire des prodiges ; mais ils se défendoient avec tant de courage, qu'enfoncés de toutes parts, ils finirent par faire sur le pont un retranchement de leurs morts. Ce nouvel obstacle n'arrêta point nos soldats : ils forcerent encore les Corses, qui laisserent enfin quatre cents vingt-trois hommes tués sur le champ de bataille, sans compter le grand nombre de blessés qui prirent la fuite. Ce fut alors que M. le comte de Wargemont ressentit vivement l'absence de ses dragons : s'il les avoit eus, cette mieres divisions, au nombre de quatre mille cinq cents hommes; il ne garda qu'un détachement avec lequel il devoit s'embarquer quelques jours après. Le général Paoli & ses partisans, profiterent du moment où M. le comte de Vaulx étoit à Calvi, pour piller le couvent qu'il habitoit à une lieue de cette ville. Ils enleverent beaucoup d'effets appartenant au Roi, (on y avoit établi un hôpital) & les équipages des officiers; ceux du général ne furent point épargnés: dès qu'il en fut instruit, il fit sortir un détachement qui ramassa les troupeaux des environs, & il fit dire à M. Paoli que si dans vingt-quatre heures il ne rendoit pas les effets pillés, les bestiaux seroient vendus. Ce chef restitua aussi-tôt; mais il jugea à propos de garder un nombre de livres assez considérable, qui appartenoient à M. le comte de Vaulx, parce que, disoit-il, il aimoit la lecture des livres Français. Le général lui fit répondre qu'il lui donnoit sa parole de revenir chercher ses livres; ce qu'il exécuta douze ans après à la lettre: car il reprit dans Corté la petite bibliotheque que M. Paoli s'étoit appropriée.

La seconde anecdote regarde M. le comte de Wargemont. Avant la prise de Corté, le général Paoli avoit reçu la visite du lord Pimbrok & de M. le comte de Fabiani: ils avoient parcouru l'isle avec lui; & témoins des difficultés que le terrain offroit à chaque pas, des préparatifs de M. Paoli, & des retranchemens élevés de toutes parts, ils penserent comme les Corses, que notre entreprise devoit échouer. Ces deux étrangers revenoient par Corté & Bastia, un jour que M. le comte de Vaulx & tous les généraux dînoient chez M. le comte de Wargemont: ils s'y trouverent aussi, & ne parlerent pendant le repas que de l'impossibilité d'emporter l'isle avec deux fois plus de forces que le Roi n'en avoit employées. M. le comte de Wargemont prit la parole, & leur dit que cette guerre n'en étoit pas une, & qu'il ne demandoit qu'un mois de campagne, sous les ordres de M. le comte de Vaulx, pour être le maître de Corté. Je vous en donne deux, M. le Comte, interrompit le Lord, & je parie trois cents guinées contre vous. Tope, Milord, repliqua M. de Wargemont : j'en parierai aussi cent, ajouta M. de Fabiani. MM. le marquis & le vicomte de Laval, MM. de Vaubarel & de Frimont, accepterent la proposition de ce dernier. Ces paris avoient été faits devant le général, & pouvoient lui déplaire. M. de Wargemont lui demanda, au sortir de table, s'il ne les désapprouvoit point ; je voudrois, répondit M. le comte de Vaulx, que vous eussiez parié vingt millions, & que vous voulussiez faire les frais de la campagne ; je suis bien sûr qu'il n'en coûteroit rien au Roi. Les paris furent effectivement gagnés de six semaines, & l'argent en fut distribué aux troupes.

Le

Le général Paoli voyant qu'il n'avoit pu défendre les débouchés sur Corté, & que sa capitale étoit prise, ne songea plus qu'à prendre la fuite. Il s'embarqua le lendemain à Aléria, dans un bateau à double fond qu'il avoit fait construire pour se cacher, & qui le transporta à Livourne.

Cette campagne fut terminée par une action vive & brillante au passage du Nebbio. Ce fut le dernier effort des Corses, qui y perdirent beaucoup de monde, sans qu'on pût connoître leur perte, parce qu'ils emporterent leurs morts.

La légion de Soubise avoit établi les ponts sur le Nebbio, & fraya la route à l'armée, en les passant la premiere sous le feu des Corses, qui, malgré leur nombre, furent bientôt intimidés de l'impétuosité avec laquelle cette troupe les chargea. Cette journée, qui termina la guerre, se passa en actions très vives avec les postes avancés.

T

Quelques bandits se répandirent depuis sur les communications, & assassinoient les passans de derriere les rochers où ils se tenoient à l'affut. M. de Soliva, commissaire des guerres, fut une de leurs dernieres victimes. Le jour que l'armée alla camper à Boggiano, la légion de Soubise avoit fait l'avant-garde, & passé les gorges. Quelques heures après les campemens de l'armée passerent aussi: M. de Soliva marchoit deux ou trois cents pas en avant; quatre ou cinq coups de fusil tirés de quelques haies, tuerent son cheval: il eut le bras cassé de la même décharge; & les bandits alloient enlever cet officier, lorsque des soldats de l'avant garde, qui étoient accourus, vinrent le dégager.

M. le comte de Vaulx ne voulant point fatiguer l'armée par des marches inutiles, la laissa campée à Boggiano, d'où, avec la seule compagnie de grenadiers de la légion de Soubise, il se transporta à Ajaccio, fit la tournée de toute cette pointe de l'isle, reçut les soumissions des habitans, & revint à Boggiano. Après avoir établi son quartier général à Corté, il distribua l'armée dans diverses parties de la Corse.

Bientôt M. le comte de Vaulx ayant reçu l'ordre de faire embarquer les troupes qui ne devoient pas rester dans l'isle, ne s'occupa plus que de rétablir l'ordre & la tranquillité, & de mettre en vigueur quelques points de législation. Il ne quitta ce royaume qu'après avoir fait toutes les dispositions qui ont été la base du bonheur des peuples qu'il venoit de conquérir, & qui assurent à jamais à ce respectable général le tribut de leur reconnoissance.

Telle est l'histoire succinte de cette petite guerre, dont toutes les opérations ont été si défigurées par les gazetiers de Hollande.

La même prévention qui dirige presque toutes les opinions des Hollandais, sert aussi de regle à celle qu'ils ont de leurs arts & des nôtres : c'est sous ce dernier point de vue qu'on peut juger principalement de la force du préjugé. Nous nous bornerons à faire une courte exposition de l'état où ils sont en Hollande : nous indiquerons aussi celui des sciences ; & nous osons défier l'homme le plus instruit de nous accuser de partialité, quelques surprenantes que paroissent nos assertions.

Il n'y a pas un seul poëte, un seul orateur, un seul historien, un seul littérateur célebre dans les sept Provinces-Unies. Je ne dis pas qu'il n'y ait dans l'université de Leyden & à l'académie de Harlem, quelques laborieux savans. La premiere renferme sans doute un grand nombre de docteurs très profonds dans le droit : elle peut en nommer qui savent la médecine, aussi bien que Luc Gauric savoit l'astrologie (1) : j'avoue que les

―――――――――――――――

(1) Un des plus célebres astrologues ; il vivoit au seizieme siecle. Trois papes l'hono-

grands juristes sont fort utiles à leurs concitoyens, lorsqu'ils ne les ruinent pas; & il se peut que les grands médecins éclairent le monde, tout en le dévastant. L'académie de Harlem compte parmi ses membres plusieurs sujets dignes de l'estime publique; mais nous osons répéter qu'en parcourant toute la Hollande, on n'y trouvera dans aucun genre un de ces personnages illustres dont la célébrité soit avouée de toute l'Europe, & qui se soit fait un nom par une supériorité éminente de talens utiles ou agréables.

Tandis que la médecine est en honneur parmi les Hollandais, la chirurgie, qui n'est pas un art conjectural, y est en quelque sorte encore ensevelie dans les ténèbres de l'ignorance & du mépris : on n'y trouve guere que des barbiers.

---

rerent de leur confiance. Le macrocosme étoit aussi connu à Luc Gauric, que le microcosme l'est à nos plus savans médecins.

De la Hollande.

Le petit amphithéâtre d'Amsterdam ne mérite pas le nom d'école : il est même difficile qu'il acquere quelque célébrité, puisqu'on en est encore dans cette fameuse capitale de la Hollande, au système barbare & superstitieux, de ne livrer à la dissection que les corps des criminels. Cette rareté de sujets est un vice auquel rien ne peut remédier. Les chirurgiens sont d'ailleurs en Hollande comme en Allemagne, des especes de valets aux ordres des médecins : servitude qui s'oppose invinciblement aux progrès de ce bel art, lequel n'a pu parvenir en France au point de splendeur où il est, qu'en secouant le joug ridicule de la médecine.

Le théâtre Hollandais est dans l'enfance, & quant aux drames, & quant à la maniere de les représenter (1). Ils ont

---

(1) Il seroit cependant injuste de ne pas distinguer la premiere actrice tragique du théâtre d'Amsterdam. La nature lui a donné des accens si pathétiques, une si belle douleur, une panto-

traduit quelques-unes de nos bonnes tragédies, qu'ils déclament & qu'ils jouent de la maniere du monde la plus ridicule. Celles qu'ils doivent aux auteurs Hollandais, ne sont pas supportables; & l'on peut juger du goût national par la célébrité constante d'une de leurs pieces de prédilection, & qui se soutient toujours avec le plus grand succès. Ce drame monstrneux, digne de nos anciennes *confrairies*, est intitulé: *Gesber van amstel*. En voici la situation la plus pathétique. Le théâtre représente un chœur de religieuses en habit de costume; elles chantent l'office: on entend l'orgue; & un évêque en pluvial, crossé & mitré, est au milieu de ces brebis innocentes. Tout

---

mime si touchante, sans être réglée par la connoissance de l'art, qu'elle arrache des larmes à ceux même qui n'entendent point la langue. Au reste, presque tous les acteurs de ce théâtre sont des artisans, & les actrices des marchandes de pomme.

à coup, (il s'agit de venger un affront, dont le récit historique nous meneroit trop loin) un chef ennemi, suivi de ses soldats, force le couvent. La troupe sacrilege fait irruption dans le chœur; elle égorge l'évêque & les religieuses, & la profanation est dans le lieu saint. Pour que l'effet d'aucun détail de ce coup de théâtre ne soit perdu; pour qu'on puisse deviner à la fois, parmi tant d'horreurs, toutes celles dont la décence ne permet pas d'exposer le tableau mouvant, on baisse la toile au moment où il s'opere à grands traits & en confusion; & on la releve l'instant d'après, afin de déployer aux spectateurs les assassins & les victimes grouppés pêle-mêle dans diverses attitudes de fureur & d'épouvante, qui laissent entrevoir aussi quelques indices de la licence du soldat. Au spectacle de ce grouppe énorme amoncelé symétriquement de morts & de bourreaux, & que la scene étale dans le plus grand silence, les transports des Hollandais se manifestent par des applaudissemens redoublés; & tout le monde paroît pénétré de cette belle image dramatique. Telle est la route du cœur sur le théâtre de Hollande; telles sont les raisons de la prééminence que les *virtuoses* du pays disputent de bonne foi à la scene Française: ils assurent encore que leur langue, dont ils prennent la stérile prolixité pour de l'abondance, & l'extrême rudesse pour de la force, étant beaucoup plus propre que la nôtre à la majesté de la tragédie, nous ne saurions lutter avec eux pour cette belle partie du théâtre.

La Hollande n'a dans ce moment ni peintres, ni sculpteurs, ni graveurs (1), ni architectes. La prétendue académie de dessin & de peinture d'Amsterdam,

---

(1) Le seul burin de M. Winkels donne les plus grandes espérances: on connoît aussi les belles gravures en couleur d'après Ostade & Teniers, par un amateur Hollandais, qui réunit en lui seul les talens de plusieurs artistes.

ressemble à ces écoles où des maîtres à crayonner montrent, pour un écu par mois, dans nos petites villes. Les amateurs la mettent autant au-dessus de l'académie & de l'école de Paris, que le théâtre Hollandois est au-dessus de notre théâtre.

Le goût des Hollandais pour la peinture a cela de remarquable, qu'ils ne croient qu'aux tableaux de l'école Flamande : ceux de l'école Italienne & Française sont parmi eux dans une sorte de mépris. La plupart ne font aucun cas d'un tableau qui n'est pas *léché*, quelque mérite qu'il puisse avoir ; & s'il n'y avoit pas de grands connoisseurs en Hollande, on diroit que les Hollandais prennent l'audace libre du génie pour de la négligence, & qu'ils veulent qu'une piece soit bien conditionnée pour leur argent. Je crois néanmoins qu'ils ne portent à cet excès l'amour exclusif de l'école Flamande, que parce qu'ils doivent à cette école presque tous les tableaux dont ils

De la Hollande. 299

sont en possession. La nécessité & l'envie de paroître riche, font que ce peuple estime tout ce qui lui appartient fort au-dessus de sa valeur. Avant la mort de Brankam (1), il n'y avoit qu'un sentiment, dans les sept Provinces, sur la collection de cet amateur. Je l'ai cent fois entendu mettre au-dessus de toutes celles du Roi & de M. le duc d'Orléans; & ce cabinet, dans lequel on voyoit une enseigne à biere auprès du chef-d'œuvre d'un grand maître, n'a été vendu qu'environ cinq cents mille florins. Cette prédilection absolue pour l'école Flamande seroit plus pardonnable, si Rubens en étoit l'objet; mais les Hollandais possedent peu de beaux morceaux de ce divin maître : ils n'aiment que les paysages, les marines, les haltes, les fêtes de paysans; & en général il n'y a que quatre peintres pour eux, Tenier, Wovermans, Oostade & Berghem.

---

(1) Négociant d'Amsterdam.

De la Hollande.

Le nombre des manufactures de Hollande est considérable. On peut y remarquer que tout ce qui sert au méchanisme des fabriques, est de la plus belle invention & de la meilleure qualité. Il n'en est pas de même des marchandises qu'on y travaille : à la réserve de quelques draps noirs & des ratines, les draps d'Hollande sont inférieurs & d'un mauvais teint. Les velours, les étoffes de soie de toute espece, manufacturés par des réfugiés, n'ont ni solidité ni goût; & ce qu'il y a de plus mince dans le rebut de Lion, est assurément préférable (1) : ce qui n'empêche pas qu'il ne se fasse en Amérique un grand commerce de ces mauvaises étoffes. On connoît la beauté des toiles de Hollande; mais on ne sait pas qu'une partie de ces toiles est fabriquée en Flandre, comme une partie du prétendu papier d'impression de Hollande est fabriqué en France.

---

(1) Il ne s'agit pas ici des satins.

De la Hollande.

L'imprimerie y est entierement déchue de son ancien éclat. L'avarice a fait échapper le commerce des livres des mains des libraires Hollandais: ils ont cru que le mouvement une fois donné, rien ne pouvoit plus détourner cette branche: ils ont négligé toutes les parties de la typographie pour aller à l'épargne; tandis que les libraires Français ont tout sacrifié à la beauté des éditions. Le papier, les planches, le caractere, tout est devenu en France l'objet du choix le plus scrupuleux & le plus délicat. Aussi nos libraires se sont-ils emparés de ce commerce, qui ne consiste plus guere, en Hollande, qu'en de mauvaises contrefactions, & qui seroit presque détruit, si Marc-Michel Rey ne le soutenoit encore par son intelligence & par ses grandes entreprises.

Il n'y a qu'un seul horloger dans les Provinces-Unies qu'on puisse citer; encore n'est-il pas Hollandais. Quoiqu'il soit Suisse, il appartient comme artiste à la ville de Paris, où il a travaillé dès sa plus tendre jeunesse. Les horlogers nationaux sont des ouvriers qui croient que le comble de l'art est de faire une pendule à carrillon.

Une chose qui n'est peut-être pas indigne de remarque en Hollande, c'est que tout ce qui sert à détruire est mal travaillé. Toutes les cheminées fument, tous les soufflets sont durs & lents, les pincettes sont dangereuses à manier, &c. mais toutes les machines, tous les instrumens qui appartiennent au commerce, dont on se sert pour gagner de l'or, comme les leviers, les chargeoirs, les balances, les moulins, sont des chef-d'œuvres de méchanisme. Les objets de commodité & de luxe y sont traités beaucoup plus que médiocrement; & les curieux sont obligés de faire tout venir à grands frais de Londres ou de France (1).

_____

(1) Il est douteux qu'il y ait dans toute la Hollande, un ouvrier qui sache faire un siege où l'on soit assis à son aise.

Les Hollandais ne laissent pas de croire que les voitures travaillées en Hollande valent au moins celles de Paris : la vérité est que, sans parler des formes, elles sont peintes & vernies comme des portes de jardins, à peu de chose près.

Il est presque impossible que les sciences & les arts acquerent un certain éclat en Hollande : c'est le grand nombre de gens riches & oisifs qui contribue surtout à la prospérité des uns & des autres. Les Hollandais n'ont pas le temps de s'instruire : leur tête est exclusivement occupée des moyens de gagner : leurs récréations mêmes ne sont presque que des conférences sur le commerce. L'extrême cupidité d'ailleurs tient de près à l'extrême avarice ; & l'avarice est le poison des arts (1). L'éducation n'est pas

---

(1) Elle donne ses premieres leçons dans les écoles. Il est d'usage que les écoliers payent leurs maîtres par quartiers. Le jour où il arrive qu'un certain nombre d'enfans a apporté sa

un moindre obstacle à leurs progrès, dans une ville où presque tous les gens riches ont été élevés par des personnes, pour ainsi dire, sans aveu. Les Hollandais vont toujours au bon marché; & un instituteur honnête seroit bientôt rebuté de se voir traité comme un domestique. Ce n'est pas précisément par dureté que les habitans de la Hollande croient avoir acquis toutes sortes de droits sur un homme qu'ils payent : payez-les vous-même, & quelque exigeant que vous soyiez, vos droits leur paroîtront tout aussi légitimes; ils n'en murmureront point : l'argent est le seul mobile de la république; elle ne sauroit en avoir d'autre. Il faut voir, d'après cela, à quelles especes de précepteurs les Hollandais livrent leur famille. De pauvres étrangers ignorans, sans lettres, sans culture,

---

rétribution, le maître manifeste la joie qu'on doit ressentir à la vue de l'argent, en donnant congé à sa classe.

sans éducation, leur paroissent des aigles dès qu'ils ont pour les patrons qui les gagent, les complaisances les plus serviles. J'ai vu de ces maîtres qui étoient estimés, & qui parloient le langage de la populace de Paris. Amsterdam est vraisemblablement la seule grande ville de l'Europe, où l'on ne puisse guere trouver un instituteur qui soit un homme de mérite.

Mais le plus invincible obstacle qui s'oppose à la prospérité des arts, dans les Provinces-Unies, c'est que les gens de lettres ni les artistes n'y sont point en honneur. Le plus célebre y est toujours regardé comme un mercenaire; & les talens les plus sublimes n'ayant aucun cours à la bourse : tel homme illustre qui viendroit d'être fêté par les plus grands princes de l'Europe, seroit reçu sur le perron d'un marchand de morue d'Amsterdam.

Malgré ce qu'on vient de lire, les Hollandais, même les plus instruits, loin

V

de convenir de la supériorité d'aucune nation, à quelque égard que ce soit, se décernent la palme sans le plus petit scrupule. Cet aveuglement est grand; mais il n'est pas unique : j'en ai vu des exemples chez leurs voisins; & ce qui est surprenant, dans Bruxelles même où il semble qu'on devroit être au-dessus de ces sortes de préjugés, j'ai souvent entendu divers personnages de cette ville, soutenir que les sciences & les arts étoient dans un tout autre éclat à Bruxelles qu'à Paris; que l'habitude de mettre les tapisseries des Gobelins au-dessus de celles de Flandres, n'étoit qu'une prévention de mode; qu'on se meubloit dans les Pays-Bas avec beaucoup plus de magnificence & de goût que dans notre capitale; que le spectacle Français de Bruxelles valoit mieux que celui de Paris; que nous n'avions ni jardins ni monumens; & qu'il n'y avoit dans aucun de nos palais, un seul appartement qu'on pût comparer à ceux de S. A. R. le prince Charles de Lorraine, &c. &c. Je supplie le lecteur d'être persuadé que, quelques surprenantes que paroissent de telles opinions, dans une ville qui est aux portes de Paris, elles ne laissent pas d'y être assez universellement adoptées. Il ne faut point penser qu'il s'agisse ici d'un préjugé populaire. Ceux qui soutenoient ces étranges assertions, n'étoient pas des particuliers obscurs, mais des personnes d'un rang distingué, des citoyens recommandables, qui remplissoient avec honneur des places importantes, en qui l'on n'avoit jamais apperçu le moindre dérangement d'organes, & qui perdoient tout-à-coup la raison, lorsqu'on agitoit ces matieres ; semblables à ces hypocondres, excellentes têtes d'ailleurs, & qui croient être de temps en temps de verre ou de coton. Cette infirmité si pardonnable est une sorte d'amalgame de beaucoup d'amour de la patrie avec la haine du nom Français. Je voulois prendre une moyenne proportionnelle: je disois d'abord que les ressources ne pouvant jamais être les mêmes à Bruxelles qu'à Paris, il falloit renoncer aux comparaisons: mais, ajoutois-je, S. A. R. exerçant elle-même, ce qui est inconcevable, presque tous les arts avec succès, les protégeant, les aimant de ce goût perfectionné par une longue expérience; & le ministre secondant les vues du prince (1), sans doute que les arts peuvent fleurir à Bruxelles. Si les spectacles y sont dirigés par un des hommes de l'Europe le plus capable de les conduire, par M. d'Henterre, je ne nie point qu'ils ne puissent parvenir à un

---

(1) La Flandre doit à S. A. R. l'établissement de l'académie de Bruxelles; & le choix que ce prince a fait pour directeur, de M. l'abbé Neédam, dont M. de Voltaire n'a jamais prétendu attaquer le mérite dans son chapitre des Anguilles, par quelques calembours, par quelques saillies de cette gaieté qui soutient, pour la gloire des arts, la vieillesse de ce grand homme.

degré de supériorité qu'ils n'atteignent jamais hors de Paris. Je crois aussi qu'en payant au génie le tribut que tous les hommes lui doivent, on pourra fixer à Bruxelles des artistes recommandables. Quant à la magnificence des palais, je n'ai garde de la comparer sérieusement. Je me contente d'avouer que celui de S. A. R. a de très belles parties; & prenant à mon tour l'affirmative, je soutiens qu'un palais qu'elle habite, n'a besoin d'autre éclat que celui qu'il reçoit de la présence de ce grand Prince, de ce bon Prince. Lorsque le maître du château de Bruxelles est chez lui, il me semble que ce château peut se comparer aux plus magnifiques palais du monde; mais lorsque S. A. R. est à la campagne, je crois que plusieurs de nos palais l'emportent sur celui de Bruxelles. J'avois beau dire, ces Messieurs n'adoptoient aucune espece de tempérament; & je les quittai, en espérant que la belle saison pourroit les remettre.

On voit que les Hollandais ne sont pas les seuls qui poussent l'aveuglement aussi loin qu'il peut aller, lorsqu'il s'agit de convenir de quelqu'un de nos avantages. Ce n'est pas qu'il y ait peut-être un peuple qui se rende justice; mais il y en a peu qui donnent des preuves d'une aussi forte prévention : on la retrouve néanmoins en Allemagne.

Quoi qu'il en soit de la Hollande, je conçois qu'on en préfere la demeure à des séjours beaucoup plus agréables. Le climat y est dur, l'air mauvais, la société triste & difficile; mais l'homme y est libre : & c'est pour un grand nombre d'individus, le comble de la félicité.

Je voudrois bien que quelque fameux politique répondît aux questions suivantes :

Lorsque la paix sera devenu fastidieuse, si l'on force la Hollande à se déclarer, si le traité d'union de la France avec la maison d'Autriche dure encore,

& que ces deux puissances soient armées contre l'Angleterre & contre la Prusse ; quel parti doit prendre la Hollande ?

Si la France fait la guerre à l'Angleterre, à la maison d'Autriche & au roi de Prusse ; de qui cette république doit-elle embrasser la cause ?

Si la France fait la guerre à l'Angleterre seule ; pour qui les Hollandais doivent-ils se déclarer ?

Si le pouvoir du Stathouder va toujours croissant, grace au génie du duc de Brunswik, & que le roi de Prusse veuille seconder l'ambition du prince qui a épousé sa niece ; à quelle puissance la Hollande doit-elle avoir recours pour conserver sa liberté & son argent ?

S'il prend envie à l'un des voisins de la Hollande de faire dans les Provinces-Unies une irruption, dont le ministre des affaires étrangeres de la puissance envahissante ne manquera pas de démontrer l'équité à toute l'Europe ; quels moyens de défense la république emploiera-t-elle au milieu de son inertie & de ses tonnes d'or ?

Voilà, je pense, des questions pour la solution desquelles les États-Généraux devroient proposer des médailles de prix.

DE
L'ANGLETERRE.

DE L'ANGLETERRE.

Nous arrivâmes à Lisbonne quelques jours avant le départ du Devonshire, vaisseau Anglais qui alloit à Londres. Je me rendis à bord de cette frégate; & nous mîmes en mer le même jour.

Je ne fus pas peu surpris, en entrant dans le vaisseau, d'y voir régner la plus dégoûtante mal-propreté. Les Anglais, naturellement propres dans leurs maisons, sont d'une négligence incroyable à la mer. On diroit qu'ils n'ont aucune précaution à y prendre; ils s'occupent même quelquefois si peu de leur sûreté, que j'ai vu des matelots qui appliquoient des chandelles allumées au bordage de l'entre-pont, & les laissoient brûler à leurs périls, sans se donner la peine de les éteindre. Il semble que la mer soit chargée de leur conservation : la manœuvre seule ne périclite jamais. De sens froid, les premiers marins du monde; ivres, ils manœuvrent par instinct : ils ont l'air d'être chez eux, sans la moindre sollicitude. Ce n'est pas la joie bruyante de nos matelots, c'est une continuelle & sereine indifférence.

A quelques discussions près sur les avantages de l'Angleterre & de la France, je vécus d'assez bonne intelligence avec les officiers du vaisseau. Nos conversations ordinaires rouloient sur la marine. Je m'apperçus qu'ils estimoient la nôtre beaucoup plus qu'ils ne l'avouent, & qu'ils faisoient grand cas de celle de notre compagnie des Indes (1) & de nos cor-

---

(1) Un des plus grands coups qu'on ait pu porter à la marine de France, est la destruction de la compagnie des Indes. Je n'examine pas si le commerce ruineux de l'Inde doit être libre

saires. Leurs procédés ne furent ni affectueux ni déshonnêtes pendant toute la traversée ; néanmoins je ne l'aurois pas trouvée trop longue, si j'avois pu m'accommoder de leur nourriture qui n'est pas bonne, (j'entends pour nous) quoiqu'elle soit infiniment meilleure que celle des vaisseaux Hollandais : ceux-ci sont la nation du monde qui nourrit le plus mal ses équipages.

Débarqué à Plimouth, je partis pour Londres. Je pris un Fiacre aux portes de cette capitale ; & déja j'approchois de l'auberge où je voulois descendre, lorsque je vis tous les passages obstrués par une foule innombrable de peuple. Il me sembla que la plus grande partie de cette populace étoit dans l'ivresse ; les uns poussoient des cris affreux ; les autres

---

ou privilégié. L'exemple de l'Angleterre & de la Hollande, semble résoudre la question. Je me borne à dire que la marine Française ne pouvoit recevoir un plus funeste échec.

jettoient leurs chapeaux en l'air : ceux-ci tenoient des verres; ceux-là des bouteilles : plusieurs chantoient ; quelques-uns se battoient, & leur joie féroce n'avoit rien de celle d'un peuple policé. Ils entourent mon fiacre, en criant tous avec des mouvemens convulsifs : *Wilkes and liberty*. Ils ouvrent mes portieres; un d'entr'eux monte dans la voiture, & me propose un verre de bierre : je bus à la santé de M. *Wilkes*; & ils me laisserent continuer ma route, après avoir marqué mon chapeau & mes souliers avec de la craie.

Il est inconcevable, on peut le dire sans partialité, qu'aucun écrivain Anglais ou Français ait jamais osé comparer Londres à notre capitale, & appeller cette premiere ville la rivale de Paris. Londres a plus de longueur; mais l'ensemble de Paris est bien plus considérable. Plusieurs rues de Londres sont d'une largeur de laquelle nos plus belles rues n'approchent pas; mais ces larges rues sont bordées de *maisonnettes*, tandis qu'il n'y en a guere dans Paris qui ne contienne des maisons propres à loger les plus grands seigneurs. Les monumens d'architectures sont rares à Londres; ils sont innombrables à Paris: cette assertion est si vraie, que l'église de Saint Paul de Londres a l'air déplacée au milieu des cahutes qui l'environnent, & qu'elle ressemble à une citadelle élevée dans un grand village de l'Inde. Les places publiques, qu'on appelle à Londres des *Quarrés*, sont en général plus vastes que les nôtres; mais elles sont entourées de petites maisons, & nos places sont entourées de palais. Les monumens & les statues élevés au milieu des places de Londres, sont des modeles de barbarie; & les nôtres sont des chef-d'œuvres de l'art. Qu'un Anglais se place sur le Pont Neuf; qu'il se tourne vers le Pont Royal; qu'il jette les yeux, à sa droite, sur le quai du Louvre, bordé par ce palais immense, & terminé par les Tuileries, sur la chaussée de Versailles, dominée par la terrasse de ce magnifique jardin, sur la place de Louis XV, les Champs-Elisées, & tout le côteau de Chaillot & de Passy; qu'il observe à sa gauche, l'hôtel de la Monnoie, le bâtiment des Quatre-Nations, le quai des Théatins couvert de vastes hôtels, les palais qui décorent la Seine, jusqu'aux Invalides; qu'il se représente sur la même ligne, au percé de la riviere, ce beau monument de Louis XIV; & qu'il prolonge sa vue jusqu'à l'Ecole militaire; y a-t-il jamais eu rien de plus imposant que ce bassin? y a-t-il un quartier de Londres qu'on puisse lui comparer? y en a-t-il même un seul qui puisse soutenir le parallele avec les grands canaux d'Amsterdam? Que cet Anglais parcoure les rues de l'extrémité du fauxbourg Saint Germain, où les palais sont entassés; qu'il entre sur les boulevards par la place de Louis XV; à sa droite, jusqu'à la porte Saint Antoine, s'élevent au milieu des arbres des bâtimens de la plus grande sumptuosité;

De l'Angleterre. 321

sité ; à sa gauche, une nouvelle ville offre, aux yeux étonnés, toutes les richesses de l'architecture & toutes celles de la campagne. Y a-t-il un quartier de Londres qui présente ce spectacle prodigieux ?

Le mobilier de Paris acheteroit cent fois celui de Londres. Il n'y a pas dans cette capitale de l'Angleterre cinquante maisons où l'on puisse entrer en carrosse, où il y ait une cour, où l'on trouve un appartement complet & commode.

Londres ne contient ni quais ni promenades publiques. Le parc Saint-James renferme un vaste terrein inégal, dont deux allées de mauvais arbres font l'unique ornement. Que peut opposer cette capitale aux jardins des Tuileries, du Roi, du Luxembourg, du Palais-Royal, à la promenade des Boulevards ? Le parc Saint-James (1).

---

(1) Je ne fais point mention du petit jardin de Lincohl, près de Temple Bar ; promenade

X

De l'Angleterre.

Tout ce qui caractérise la capitale d'un grand empire, se trouve réuni dans Paris ; & Londres, si l'on peut se servir de cette expression, n'est qu'une petite ville immense.

De Douvres à Londres, c'est-à-dire dans l'espace de plus de vingt lieues, vous n'appercevez pas vingt maisons remarquables. Les environs de Londres sont aussi inférieurs à ceux de Paris, que la capitale de l'Angleterre l'est à la nôtre. A dix lieues autour de Londres, il n'y a pas cent maisons que l'on puisse citer. Qu'est-ce que ces cent maisons auprès des palais, auprès de celles du premier & du second ordre qui environnent Paris, & dont l'assemblage formeroit la plus grande & la plus superbe ville qui ait jamais existé.

Quant à la population de ces deux capitales ; voici ce qu'on peut observer.

───────────────

ordinaire des praticiens, comme je ne parle pas des petits jardins de notre capitale.

De l'Angleterre. 323

Londres contient moins de toises quarrées que Paris: en général, les maisons de Londres n'ont qu'un ou deux étages: dans presque tous les quartiers, une seule famille occupe une maison entiere. Il y a dans Paris deux ou trois capitales de l'Angleterre l'une sur l'autre: les maisons y sont beaucoup plus considérables, & la plus grande partie est habitée par plusieurs familles. Comment se pourroit-il donc que Paris ne fût pas beaucoup plus peuplé que Londres? sur quoi seroit fondée maintenant la rivalité entre ces deux villes? Il y en a sans doute, à beaucoup d'autres égards, entre les Anglais & les Français: les Anglais l'emportent même sur des points bien autrement essentiels; mais la ville de Londres ne peut, en aucune maniere, soutenir le parallele avec la ville de Paris.

Il seroit inutile d'entrer ici dans quelques détails sur le gouvernement d'Angleterre. Tout le monde sait que la liberté y naquit, comme ailleurs, de l'excès du despotisme, & que cette liberté périra peut être par l'influence de la cour sur les représentans, lesquels ont déja franchi les bornes posées par mylord Bolinbrok; car les voix sont maintenant bien plus que partagées, dans le parlement d'Angleterre. Il n'y a jamais eu de peuple plus véritablement libre, lorsque la constitution est dans toute sa force; nous n'en connoissons pas qui ait été plus ignominieusement esclave. Ce n'est pas que la transition d'une de ces extrémités à l'autre ait été subite : ce n'est pas que les Anglais aient pu rentrer tout-à-coup dans la jouissance de ce précieux appanage de l'homme. Quand le despotisme croule, le citoyen croit être libre, parce qu'il respire; il se croit délivré, parce qu'il n'est plus accablé. Tel un malheureux croit jouir de toute sa vigueur, au moment où des mains secourables le retirent de dessous les ruines qui l'écrasoient. On prend d'abord l'affranchissement pour la liberté ; tant il est de l'essence de l'affreux despotisme de dégrader la raison, en avilissant l'espèce ! Il est vrai que le joug une fois secoué, les proportions ne sont plus les mêmes. Chaque pas est une course qui vous approche rapidement du but : c'est ce qu'on vit en Angleterre, lorsque le pouvoir des communes, qui eurent d'abord peu d'influence dans le gouvernement, vint mettre le sceau à la liberté publique, en balançant le pouvoir de la chambre des Pairs. Cette liberté se maintient aujourd'hui par son choc perpétuel avec l'autorité royale. C'est ainsi que de longues guerres entretiennent la force & la valeur.

Les Anglais n'aiment pas la royauté; & le roi est néanmoins une branche essentielle de la constitution Britannique. On diroit qu'ils se vengent de la nécessité du concours du pouvoir souverain, en tourmentant celui qui exerce ce pouvoir.

La cour d'Angleterre est la plus triste du monde : les courtisans & le roi y sont également déplacés.

Les sciences, les belles-lettres & les arts sont, à Londres, au plus haut point de gloire où ils puissent parvenir; car les Anglais sont fortement persuadés qu'ils ne peuvent que perdre à la plus légere révolution. En comparant néanmoins l'Angleterre & la France savantes, le seul Newton peut faire pencher la balance en faveur de sa patrie.

Si la chose pouvoit être raisonnablement mise en question, on se flatteroit de prouver que les Anglais ne peuvent, en aucune maniere, soutenir le parallele avec nous, lorsqu'il s'agira de belle littérature. Quelques maniaques sont bien les maîtres de préférer des monstres à des productions achevées : après tant d'exemples bizarres, on ne peut pas disputer des goûts.

On convient que les ouvrages de tous les genres, publiés par quelques-uns de nos illustres, dont le charlatanisme a consacré les noms, sont à la vérité dignes de la risée publique; mais Corneille, Racine, Moliere, la Fontaine, Boileau, Fénélon, Voltaire, Buffon, Montesquieu, les deux Rousseau, ne connoissent point de rivaux.

S'il étoit possible que quelque école de chirurgie luttât avec la nôtre, il n'y auroit que l'école d'Angleterre qui pût y prétendre.

On dit que les médecins de Londres sont meilleurs que ceux de Paris : je veux le croire ; mais comment assigner un point de prééminence dans un art que je me contenterai d'appeller conjectural, par respect pour la faculté ?

L'énumération de nos peintres, de nos sculpteurs, de nos architectes, de nos monumens, formeroit un gros volume. On pourroit presque dire que les Anglais n'ont ni artistes, ni monumens, ni tableaux (1).

Ils nous ont disputé long-temps l'avantage des arts méchaniques, dont ils nous doivent une partie ; mais ils n'ont pas eu de plus grands méchaniciens que nous. Nos artistes, quand on les paye, *finissent* aussi parfaitement que les artistes Anglais ; & depuis trente ans, notre horlogerie est aussi parfaite que la leur.

Ne finissons pas sans observer que parmi les personnages célèbres que l'Angleterre a produits, dans tous les genres, *Congreve* est, pour ainsi dire, le seul qui ne se soit pas déchaîné contre nos écrivains & contre nos maîtres, avec cet emportement de l'homme qui a tort (2).

---

(1) Il ne s'agit point, sans doute ici, des morceaux que les Anglais ont transportés dans leur isle.

(2) Les écrivains Anglais saisissent les plus petites occasions de nous injurier. Hatte appelle

Jusqu'à présent, nous avons échappé à cette affection rabiale. Ce qu'il y a de singulier, c'est que *Congreve* est aussi du petit nombre des auteurs Anglais qui aient assujetti leurs ouvrages aux regles de la bienséance & du goût; comme si l'esprit d'ordre qui préside aux productions du génie étoit le même que celui qui dicte les procédés.

On demande bien pardon à tous les professeurs en *us*, à leurs écoliers, à leurs sectaires & aux journalistes tudes-

---

impertinence Française, l'étonnante liberté que nos écrivains ont prise, de franciser le nom du comte de *Thurn*, & de le nommer *la Tour*. Des éloges, de l'admiration, de l'enthousiasme, lorsqu'il s'agit des écrivains & des artistes Français; voilà ce que les Anglais ne se permettent guere : nous avons beau leur montrer l'exemple. Toute l'Europe sait que le peuple Anglais, & beaucoup d'Anglais qui ne sont pas de cette classe, nomment les Français *chiens de Français* : on ne dit jamais en France, *chiens d'Anglais*.

ques, du léger paroxisme d'amour-propre qu'on peut appercevoir dans cette esquisse de parallele. Il ne peut que tourner à leur gloire. Toutes les fois qu'ils prouveront, malgré l'autorité de Fréderic le Grand, qu'ils l'emportent sur nous à toutes sortes d'égards, ce qu'ils ont coutume de faire périodiquement, avec beaucoup de régularité; il s'ensuivra qu'ils valent aussi mieux que les Anglais (1).

Le commerce de l'Angleterre ne fait que croître de jour en jour; mais il diminuera peut-être tout-à-coup pour avoir trop étendu ses moyens. La scission des colonies Américaines, à laquelle

---

(1) C'est une chose digne d'observation, que de voir à quel point les écrivains, les journalistes Latins & Allemands, & les gazetiers de toute l'Allemagne poussent l'injustice à notre égard. On se propose de donner, pour la propagation du goût & de la vérité, des extraits des diatribes de ces Messieurs.

De l'Angleterre. 331

l'Angleterre doit s'attendre (1), portera le plus grand coup au commerce de cette isle : il est plus que vraisemblable qu'elles se sépareront de la métropole, dès qu'elles seront en état de s'en détacher impunément.

Le gouvernement Anglais ne néglige jamais aucune des ressources qui peuvent concourir à l'agrandissement du commerce, quelques foibles qu'elles paroissent d'abord. Les grands du royaume s'y occupent par état à faire fleurir telle branche, avec autant d'activité que le marchand qui doit la mettre à profit. Par exemple, si les Anglais étoient dans la position où nous sommes à l'égard de la cour de Naples ; il y a long-temps qu'ils seroient en possession du commerce des draps que nous faisions autrefois dans ce royaume, & que nous leur laissons

---

(1) On ne doit point perdre de vue qu'on écrivoit ceci dix ans avant la révolution de l'Amérique Anglaise.

faire maintenant, quoique cet objet soit de la plus grande importance.

Les Anglais mettent tout en usage pour donner la plus haute idée de leur compagnie des Indes ; mais le grand mouvement des actions, est une preuve qu'elle a plus d'éclat que de solidité. On les a vu monter, par le jeu le plus violent & le plus rapide, jusqu'à près de 300, sans que la compagnie fût en état de fixer de dividende. Les papiers de la compagnie Hollandaise, n'éprouvent point ces révolutions insidieuses. Les actionnaires savent sur quoi compter : la marche de celle-ci est lente, mais sûre ; & cet établissement a plus de solidité que d'éclat ; tandis que l'Angleterre est obligée de se soutenir dans l'Inde, l'épée à la main ; situation qui rend toujours les profits douteux & la perte prochaine, malgré la grandeur & la richesse des établissemens Anglais.

La compagnie Anglaise avoue elle-même, que quelque brillant que soit

De l'Angleterre. 333

son état dans l'Inde, il ne laisse pas d'être toujours précaire ; car elle est très indifférente sur le choix des moyens. Elle s'empare, à force ouverte, des domaines à sa convenance ; elle emploie selon le besoin, la violence & la surprise, contre les princes Indiens (1) : elle se permet toutes sortes de vexations & d'injustices. Il faut que les raisons de tolérer ces manœuvres abominables soient bien puissantes, pour que la *majesté du peuple Anglais* n'en soit pas blessée (2). Ces

―――――――――――――――

(1) C'est un reproche que M. Holwel lui a fait en propres termes. Qu'on se souvienne des crimes du lord Clive : qu'on jette les yeux sur le procès intenté aujourd'hui contre M. Hastings, lord Clive s'est fait justice lui-même ; mais quand les Anglais l'auroient faite ; quand ils puniroient tous les coupables, l'Angleterre jouit-elle moins du fruit de tant d'horreurs ? la compagnie peut elle les réparer, en quelque sorte, qu'en restituant ?

(2) Quoique la premiere fois qu'un homme s'avisa de prononcer ces paroles dans la chambre

remedes violens ne sont pas les seuls par lesquels on tâche de prévenir le discrédit. Les agioteurs, la plus vile espece d'hommes qui rampe sur le globe (1), remplissent les papiers & les lieux publics de contes fabuleux. S'agit-il de faire hausser les actions à la veille d'un rescompte ; tantôt un Nabab a laissé en

---

des communes, l'éclat de rire ait été universel dans les trois royaumes ; plusieurs écrivains Anglais continuent d'assurer qu'on ne sauroit mieux caractériser le peuple de la Grande-Bretagne.

(1) Cette expression n'est point une hyperbole, puisque les habiles agioteurs de toutes les nations, & leurs complices, doivent avoir pour principe d'être des usuriers, des fripons, des menteurs, des calomniateurs, des hommes de bronze ; à l'épreuve de toutes les calamités publiques & particulieres, de porter un cœur de fer, d'être les destructeurs de toute bonne-foi, des mœurs, des moyens de gain licite, de toute honnête industrie ; d'être enfin les fléaux d'un état, & de tous les ennemis publics, les plus à craindre, quoique les plus méprisables.

mourant des sommes immenses à la compagnie; tantôt *on a découvert des mines d'or beaucoup plus abondantes & plus aisées à exploiter que celles du Pérou.*

Toute l'Europe conclut de ce que la dette nationale de la France est très considérable, que nous sommes heureusement à deux doigts de notre perte; & personne ne veut tirer aucune conséquence désavantageuse à l'Angleterre, de ce que la dette nationale y excede toutes les richesses de la nation collectivement prises. On avoue qu'on a raison de n'en rien conclure contre la Grande-Bretagne; car sa constitution vaut mieux que des mines d'or, & ses moyens sont immenses : mais il faudroit aussi que nos détracteurs avouassent qu'ils se sont trop hâtés de fonder les espérances de notre ruine sur une chimere. On ne seroit pas en peine de prouver qu'une dette nationale contractée par un empire aussi puissant que le nôtre, est un fantôme que l'économie & l'administration peuvent faire disparoître à volonté, lorsque les administrateurs ne se détournent point de leur objet.

Quand un Français arrive à Londres, les Anglais qui savent le mieux la langue française, affectent de ne lui parler qu'anglais; comme si on étoit obligé de parler une langue étrangere dans vingt-quatre heures.

Les Anglais se piquent d'être francs, & plutôt brusques que cérémonieux. Ils versent le ridicule sur notre excessive politesse, & sur le style des complimens en usage parmi nous. Cette maniere austere de voir les objets, m'avoit donné la plus grande idée des protestations Anglaises. A mon arrivée à Londres je courus chez plusieurs Anglais de ma connoissance, qui m'avoient promis le meilleur accueil si j'allois en Angleterre. Ils avoient eu la bonté, lorsqu'ils étoient à Paris, de me pardonner mes complimens, en faveur de la bonne & franche réception que mes amis & moi leur avions faite:

faite : ils étoient même convenus que ces formules d'urbanité, qui leur paroissoient si dérisoires, ne laissoient pas de jetter dans la société une sorte de douceur, & qu'elle étoit bonne, sur-tout chez une nation aussi bouillante que la nôtre, à prévenir les dangers de la trop grande familiarité. Je crus donc qu'ils alloient être très aises de me témoigner de la reconnoissance, & de me donner quelque preuve de cette franchise si célébrée. Ils me proposerent tous de prendre du thé, d'aller dîner avec eux au cabaret, pour mon argent, & de me mener au *waux-hall*. J'en conclus que nos promesses valent encore mieux que les leurs, puisque nous en acquittons une partie, en leur procurant ce que la société peut offrir d'agrémens à un étranger. Quand on connoît les hommes, c'est assurément tout ce qu'on peut exiger d'eux.

Le reproche qu'Horace fait aux peuples d'Angleterre, qu'il appelle *hospitibus feros*, ne peut plus guere tomber que sur les classes inférieures qui ne se sont pas encore radoucies depuis deux mille ans; il faut convenir néanmoins que l'hospitalité n'est pas la vertu favorite de ces insulaires.

Les Anglais ne nous savent intérieurement aucun gré de la maniere dont nous les traitons en France; ils sont persuadés que c'est un hommage qu'ils nous arrachent. La plupart d'entre eux attribuoient autrefois notre bon accueil *aux beaux yeux de leur cassette*; mais depuis qu'on a découvert leur secret; depuis qu'on sait qu'ils dépensent moins par goût, que par la ridicule vanité de paroître plus riches que nous; depuis qu'on a reconnu qu'ils sont très fins & peu prodigues; ils conviennent que nous ne sommes guere propres dans la société, qu'à jouer le rôle de dupes.

On se moque beaucoup à Londres de notre cuisine. Les Anglais ne vivent guere que de rot à demi cuit, (1) de *pudding* & de poisson; mais ils restent à table après le repas, & se mettent à boire du vin & des liqueurs. Ils vont ensuite à la comédie déja très échauffés, & se précipitent après le spectacle dans leurs *clubs*, d'où ils se retirent fort tard, presque tous ivres. Je ne vois pas ce que ces coutumes ont de plus auguste que notre usage de multiplier les ragoûts, & que la recherche de nos tables. C'est la pelle qui se moque du fourgon.

Il ne faut pas vivre long-temps en Angleterre pour s'appercevoir que cette singularité Anglaise, si précieuse aux observateurs, n'est autre chose, lorsqu'elle n'est pas jouée, qu'une maladie occasionnée par le climat, les alimens ou la vapeur du charbon; en un mot,

---

(1) Bien différens en cela des Hollandais, qui calcinent leurs viandes pour se nourrir du *Caput-mortuum*.

une infirmité dont la cause est purement physique : ce vice de tempérament est le seul mérite de tant d'êtres singuliers dont on raconte des traits si rares.

Ce n'est pas que parmi ceux qui se portent bien, il n'y ait quelques originaux de bonne foi; mais le nombre en est très médiocre, & ceux-ci ne sont que des copistes. Cette franche & sublime brusquerie Anglaise, dont on fait honneur à la nation, appartient essentiellement aux *quakers*, & à quelques personnages de roman & de comédie, dessinés d'après ces derniers, lesquels sont obligés par principe de religion, d'être vertueux d'une maniere qui leur est exclusive. Tous les autres originaux que l'on trouve en Angleterre ne sont, en général, que les charlatans de cette singularité, dont le modele est sans cesse sous leurs yeux, & par laquelle ils croient s'attirer une sorte de considération en Europe.

Quand je vois un Anglais affecter de

venir se donner en spectacle un vendredi, dans une premiere loge de l'Opéra, les cheveux plats & sans poudre (1); je dis que c'est un charlatan d'anglicisme : lorsque j'en vois un autre au milieu de l'hiver, suivi de sa livrée, faire arrêter en plein jour son carrosse sur le Pont royal, en descendre gravement, & se jetter dans la riviere; je crois qu'il est parti de Londres avec la résolution de faire l'Anglais; je crois que si sa maladie exigeoit qu'il se baignât à la glace, il pouvoit se baigner *incognito* à la porte Saint Bernard.

Notre coquetterie, nos modes, sont aussi l'objet des satyres éternelles de tous les beaux esprits de Londres; & ces Messieurs changent la forme de leurs cha-

---

(1) Lorsqu'on écrivoit ceci, nos femmes n'alloient point à l'Opéra en chemise, en camberlouse, en casaquin; & les hommes ne s'y montroient pas vêtus en palefreniers.

peaux deux ou trois fois par an : tantôt ils en portent d'aussi vastes que des parapluies ; tantôt ils les rapetissent comme des calottes. Aujourd'hui la taille de leurs habits est sous l'aisselle ; & deux mois après, sur les mollets. Toujours la pelle qui se moque du fourgon.

La puérilité de nos amusemens révolte sur-tout les sages de l'Angleterre ; & leurs combats de coqs sont des enfantillages barbares, auxquels de graves Anglais attachent la plus sérieuse importance. N'est-ce donc pas un ridicule de plus, de mettre dans ses folies un air de sagesse & de réflexion ? Au moins sommes-nous dans le *costume* ; au moins donnons-nous à nos extravagances le ton qu'elles doivent avoir, sans essayer de les déguiser sous les couleurs du bon sens (1).

---

(1) Ils savent quelquefois, après des repas coûteux, casser, briser, jeter tout par les fenêtres, comme nos plus célebres calotins ; mais

Voilà la seule différence qu'il y ait entre les ridicules des Anglais & les nôtres. A les entendre, nous ne sommes que des femmelettes ; & dans ces fameuses courses de chevaux, connues de toute l'Europe, ce sont des Anglais qui ont imaginé de les faire courir par des palefreniers, de donner le premier rôle, de porter le principal intérêt au cheval, & de dégrader un spectacle chevaleresque, en en faisant un sordide agiotage de gageures. Si nous avions imaginé de faire monter par des valets, des chevaux qui vont se disputer la victoire; comme les Anglais nous auroient baffoués! Tous les théâtres de Londres retentiroient de la mollesse & de la pusillanimité des sybarites modernes. On ne manqueroit pas de nous

---

nos calotins ont l'air de ce qu'ils sont, d'une troupe de fous en gaieté : tandis que les Anglais ont celui de gens qui s'occupent. Je conviens que ce flegme est précieux pour les spectateurs.

représenter avec cet atticisme si prodigué dans le comique Anglais, en habit de taffetas couleur de rose, garrotté par de larges courroies, sur un mauvais bidet que le *Trenschman dog* n'oseroit monter sans toutes ces précautions ; & le majestueux peuple Anglais ivre de punch & de biere forte, de s'écrier, en riant aux éclats : *goddam !* voilà qui est plaisant.

Ce costume couleur de rose est une de leurs satyres parasites au théâtre. Lorsqu'ils introduisent un personnage Français, ils ne manquent pas non plus de le faire toujours trembler devant un Anglais, de lui donner le caractere d'un lâche, qui supporte les affronts les plus sanglants ; ce qui jette beaucoup de vraisemblance sur ces personnages prétendus Français, de le bâtonner, de le livrer enfin, non à la risée, mais au mépris public. Ces misérables charges n'ont pas même le mérite de la plus légere ressemblance ; mais elles sont utiles. Nous ne nous sommes jamais permis de pareils excès : le personnage Anglais le plus en butte aux traits de notre muse comique, est celui du lord Houzey, dans le Français à Londres; mais il n'est que plaisant, sans être ni méprisable ni odieux.

Il n'y a point de nation au monde plus avide de spectacles insensés & barbares que la nation Anglaise : elle regrette tous les jours ses gladiateurs; mais après l'exemple des Romains, peuple le plus poli & le plus civilisé de l'univers, ce goût dont on a voulu tirer tant de conséquences, ne prouve que le pouvoir de l'habitude. Les femmes les plus tendres, les plus sensibles & les plus douces, les Espagnoles se sont accoutumées à voir périr un *tauriador* (1), comme une jeune & timide vestale s'accoutumoit à donner l'affreux signal de la mort des gladia-

---

(1) Sorte de gladiateurs qui combattent les taureaux en Espagne.

teurs Romains; & dans ces tragédies bizarres & sanglantes des courses de taureaux, où les hommes partagent la scene avec des quadrupedes; faut-il le dire à la honte de l'humanité? Seroit-ce le cri de la justice? Il n'y a personne qui, à la fin, ne s'intéresse pour le héros de la piece, injustement persécuté, pour le taureau.

Les étrangers sont très libres en Angleterre, pourvu qu'ils fassent à-peu-près tout ce que les Anglais veulent: ceux-ci sont libres & despotes; ce qui est le comble de la tyrannie & de l'injustice. Malheureusement ces deux extrémités se touchent dans le cœur de l'homme. Les Anglais assurent, depuis qu'ils feignent d'en rougir, qu'on n'insulte plus personne dans les rues de Londres: cela est vrai; mais c'est parce qu'il n'y a plus personne à insulter. Cet amendement n'est dû qu'aux soins que prennent les étrangers de se confondre avec les nationaux, par la forme de leur habillement. Ce n'est pas le peuple qui a changé; ce sont les étrangers qui se sont soumis à la tyrannie du peuple. Il est très certain que si un Français parcouroit Londres à pied, paré, l'épée au côté, & portant une bourse, il y seroit insulté comme autrefois.

On a beau philosopher, la licence du peuple toujours armé contre le reste de la société, par l'envie qui doit lui être naturelle, est un défaut de la législation. J'appelle peuple, les individus de tous les pays que les préjugés, l'ignorance, la misère, la bassesse de leur éducation, & la comparaison de leur état avec celui de quelques hommes leurs semblables, doivent nécessairement rendre des êtres prets à devenir féroces : or il faudroit sans doute que de tels individus fussent dans l'impossibilité de nuire à la société dont ils sont membres. Loin de faire acception de peuple, je suis au contraire très persuadé que ces parisiens si benins seroient peut être plus barbares que la populace de Londres, s'ils étoient aussi libres. Combien d'exemples n'en pourrois-je pas rapporter ?

A Dieu ne plaise que nous osions prétendre que le peuple doive être en quelque sorte esclave : nous voudrions seulement que vous ne fussiez pas le sien. L'expérience d'ailleurs nous apprend que lorsqu'il est bien couvert, bien nourri; lorsque sous la protection de la loi, il ne craint ni seigneurs, ni gens en place, ni vexations arbitraires : il est heureux ce qu'il peut l'être dans cette vallée de miseres. Il n'y a que le mal-aise ou la persécution qui lui fasse attacher quelque prix à la licence. Sachez le mettre à l'abri de ces deux fléaux, & vous lui ferez supporter les entraves de la police la plus sévere : il ne les appercevra même point. La liberté des êtres est, sans doute, une très belle matiere à traiter dans une dissertation *philosophico-pathétique*; mais il n'en est pas moins vrai que l'homme *social*, dont l'éducation n'a point réglé l'entendement, n'a point adouci la rudesse, est un animal mal-faisant qu'il faut enchaîner avec dextérité, & pour son bonheur, & pour celui de ses semblables, jusqu'à ce que les administrateurs aient trouvé l'heureux secret de faire des individus du peuple, de véritables hommes: métamorphose que l'extension des lumieres doit infailliblement opérer.

Les Anglais font souvent la guerre avec beaucoup de générosité (1). Lorsque M. le duc d'Aiguillon battit les troupes Anglaises à Saint-Cast, les dames de Saint-Malo donnerent à l'Europe un

---

(1) On ne doit point m'opposer les attentats du gouvernement, contre le droit des gens & celui de l'humanité. Il ne s'agit ici que des individus auxquels il ne faut pas reprocher les excès de la politique; tels que l'assassinat de Jumonville, le combat contre M. Okar, &c. &c. &c.

spectacle digne des siecles héroïques : elles allerent près du champ de bataille, recueillir dans leurs voitures les officiers Anglais blessés. C'étoit les graces qui rendoient hommage à la valeur : elles voulurent avoir chacune leur prisonnier (1). Ces heureux captifs bénissoient le sort de leurs armes : ils furent soignés, honorés, fêtés ; & plusieurs, peut-être, durent à leur défaite les plus douces victoires. Ces procédés étoient un devoir envers des ennemis qui en avoient eu de si nobles à la bataille d'Ettingen : nous avions eu les mêmes à Fontenoi ; & pendant les campagnes de la derniere guerre, les officiers & les soldats Anglais ont disputé de générosité, à l'égard de nos blessés & de nos prisonniers (2). C'est

---

(1) Elles leur donnerent effectivement ce nom-là.

(2) On peut assurer, sans ostentation, que notre exemple a beaucoup contribué à montrer à ces fiers insulaires, l'usage que l'honneur per-

avec de pareils ennemis que le fléau de la guerre ne fait pas toujours horreur : c'est avec de semblables émules qu'il faudroit nous voir soutenir une cause sous les mêmes drapeaux.

Quoique vous soyiez Français, ce qui n'est pas une recommandation à Londres; si vous êtes contraint de réclamer la protection de la loi, il est de toute certitude que le citoyen le plus accrédité ne sera pas plus favorisé que vous. Pourquoi cette réflexion excite-t-elle une admiration mêlée de respect? C'est qu'à la honte de la justice, rien n'est plus rare en Europe. Sous combien de dominations n'entendez-vous pas dire sans pudeur, qu'il faut que les nationaux soient soutenus, comme si l'étranger n'avoit pas assez de sa propre foiblesse!

D'après ce que nous venons de dire, rien ne peut justifier l'anglicisme

---

met de faire de la victoire. Il est inutile de s'appuyer de preuves historiques sur ce sujet.

répandu en France, que les caractères imposans de quelques *quakers* dont on attribue abusivement les procédés à toute la nation. Le parallele des qualités & des défauts des Anglais avec les nôtres, n'établit point une supériorité de lumieres & de sagesse, qui doive nous les faire regarder comme des maîtres de morale, comme des êtres plus exaltés (1). Aux yeux d'un homme juste, il résultera de cette comparaison que nous avons chacun de très beaux côtés, que leur folie est fort triste, & que la nôtre est fort gaie (2); & que nous sommes les uns &

---

(1) Ils ont, de plus que nous, la liberté de parler, d'écrire & d'agir. Voilà ce qu'on prend pour de la force.

(2) Depuis quelques années, elle semble à la vérité prendre une teinte plus sombre. On se tue assez cavalierement à Paris : mais le suicide ne tire pas à conséquence parmi nous. C'est une démence de mode ; au lieu que chez les Anglais il tient à leur constitution physique.

De l'Angleterre.

les autres des originaux d'autant plus dignes des regards de la philosophie, que n'ayant point de caractere passif, comme tant d'autres peuples, nos ridicules sont dans toute leur vigueur. Quant aux grands traits de l'ame, l'Anglais & le Français également généreux, ardens enthousiastes, intrépides & fiers, sont également capables des plus sublimes actions dont l'histoire puisse consacrer le souvenir, & de tous les excès dont elle puisse effrayer la postérité.

Nous observerons que nos gens de lettres ont le plus grand tort de fomenter l'anglomanie. Les écrits qui peuvent l'inspirer, contribuent à faire perdre à la nation sa propre estime. Les Anglais sont bien éloignés de suivre notre exemple ; ils entretiennent la haine par le ridicule du théâtre, & par le secours des papiers publics : ils font plus, ils entretiennent le mépris ; car, quoi qu'on en dise, le peuple des trois royaumes méprise souverainement les Français,

Z

Pour nous, nous négligeons la ressource des papiers nationaux; & je ne sais pourquoi: il est cependant certain qu'ils concourent à entretenir le patriotisme. Les impressions opérées par le théâtre, ne sont pas moins efficaces. Si je voulois en chercher des preuves dans l'antiquité, je pourrois rappeller ici l'exemple des Perses; je pourrois faire voir qu'on doit attribuer principalement la destruction de leur empire, à la haine que les poëtes Grecs ne cesserent de souffler contre les ennemis de la patrie: mais sans sortir des bornes que nous nous sommes prescrites, contentons-nous de remarquer que c'est en nous traduisant sur la scene, dans des farces satyriques où ils nous couvrent de ridicule & d'opprobre, où ils nous chargent de mille imputations plus odieuses les unes que les autres; que les Anglais entretiennent parmi eux cette animosité, cette ardeur si précieuse en temps de guerre. Ils nous jouent: pourquoi ne pas les jouer? Le principe de notre délicatesse est faux, dès qu'il est contraire à l'intérêt public. Bafouer les Anglais, c'est les affoiblir : en nous servant des moyens qu'ils emploient, la proportion sera même à notre avantage; car le ridicule opere encore plus sur nous que sur eux. La grande réponse de ces prétendus cosmopolites, qui font semblant d'aimer tout le monde pour n'aimer personne, est qu'on travaille pour l'humanité, en éteignant les haines nationales : j'en conviens; mais pour que l'entreprise fût vainement sage, il faudroit la commencer chez les deux peuples en même temps, ou nous finirions par être les dupes de la révolution. Enseigner la véritable sagesse, c'est apprendre aux hommes à tirer, selon les loix, le meilleur parti de leur condition actuelle; & comme le juste équilibre, dont je viens de parler, ne sauroit avoir lieu, estimons nos ennemis lorsqu'ils le méritent; mais ne les faisons pas aimer : n'employons point nos talens, chacun suivant nos moyens, à faire des impressions désavantageuses à la patrie: n'échauffons point des têtes si promptes à s'exhalter: n'abusons point de l'enthousiasme d'un peuple, dont la générosité naturelle contribue si aisément à lui faire trouver une certaine douceur dans les sentimens qu'on lui fait concevoir pour ses ennemis.

Albe vous a nommé; je ne vous connois plus.

Que ce soit notre devise, jusqu'à ces temps fortunés où les hommes ne liront l'histoire abominable de l'effusion du sang humain, que comme des romans barbares indignes de toute croyance.

J'entends déja murmurer la tourbe de ces *prétendus philosophes*, si tendres & si mal-faisans, dont la plume ne distille que des larmes, & qui versent sourdement tout le fiel de la vengeance sur le téméraire qui ose examiner leurs droits; mais il me semble que mes principes sont fondés sur la plus saine philosophie:

il n'y en a point d'autre dans l'état de société, que le patriotisme & l'accroissement de l'esprit public.

Quoi qu'il en soit, les plaisirs, la vie animale, la société, les mœurs, les spectacles de Londres, & la licence effrénée du peuple, en font un séjour peu convenable aux Français en général. Ceux de nos provinces méridionales s'y accoutumeroient encore plus difficilement. Comment supporter la privation de ces climats délicieux, du beau ciel de nos campagnes (1); principaux biens de l'homme, lorsqu'il a franchi l'âge des erreurs. Je sais qu'il est doux de vivre

---

(1) Londres est englouti tout l'hiver dans un brouillard épais & fétide : on n'y voit plus à trois heures après midi. Le soleil ne s'y montre que bien rarement, & sous les apparences de la lune. Un Français allant prendre les ordres de notre ambassadeur, en quittant l'Angleterre ; ce dernier lui répondit : si vous voyez le soleil, faites lui bien mes complimens.

sous la protection toujours suprême de la loi, sans la plus légere inquiétude, à l'égard de ces grands événemens où la surprise, l'intrigue & la calomnie peuvent armer l'autorité contre votre repos ; mais ma maîtresse est si belle, & je l'aime tant, que je lui pardonne ses caprices, dans le doux espoir qu'elle se corrigera.

FIN

www.ingramcontent.com/pod-product-compliance
Lightning Source LLC
Chambersburg PA
CBHW050745170426
43202CB00013B/2311